教育部刑法课程虚拟教研室
北京大学犯罪问题研究中心
西北政法大学刑事法律科学研究中心
北京市盈科律师事务所

共同出品

犯罪主观要素的认定
全国青年刑法学者实务论坛（四）

车 浩　付玉明　主　编
谭 堃　赵春雨　副主编

刑法新青年

北京大学出版社
PEKING UNIVERSITY PRESS

图书在版编目(CIP)数据

犯罪主观要素的认定 / 车浩，付玉明主编. -- 北京：北京大学出版社，2025.3. -- (全国青年刑法学者实务论坛). -- ISBN 978-7-301-35963-1

Ⅰ.D924.114

中国国家版本馆 CIP 数据核字第 2025WF7039 号

书　　名	犯罪主观要素的认定：全国青年刑法学者实务论坛（四） FANZUI ZHUGUAN YAOSU DE RENDING：QUANGUO QINGNIAN XINGFA XUEZHE SHIWU LUNTAN(SI)
著作责任者	车　浩　付玉明　主编
责任编辑	孙　辉
标准书号	ISBN 978-7-301-35963-1
出版发行	北京大学出版社
地　　址	北京市海淀区成府路 205 号　100871
网　　址	http://www.pup.cn　http://www.yandayuanzhao.com
电子邮箱	编辑部 yandayuanzhao@pup.cn　总编室 zpup@pup.cn
新浪微博	@北京大学出版社　@北大出版社燕大元照法律图书
电　　话	邮购部 010-62752015　发行部 010-62750672 编辑部 010-62117788
印　刷　者	大厂回族自治县彩虹印刷有限公司
经　销　者	新华书店
	650 毫米×980 毫米　16 开本　12.75 印张　144 千字 2025 年 3 月第 1 版　2025 年 3 月第 1 次印刷
定　　价	59.00 元

未经许可，不得以任何方式复制或抄袭本书之部分或全部内容。
版权所有，侵权必究
举报电话：010-62752024　电子邮箱：fd@pup.cn
图书如有印装质量问题，请与出版部联系，电话：010-62756370

"刑法新青年"总序
让青年学者的光芒被看见

1949年中华人民共和国成立以来，历经几代学者的艰辛探索，累积几代学者的卓越贡献，刑法学在构建理论和指导实践两个维度，均取得了长足进步，但近年来也都开始面临瓶颈。一方面，一些源于实践但未能提升的经验性知识难脱碎片化和常识性，不能满足理论体系化和纵深发展的内在需求。另一方面，中国社会每年有数百万起刑事案件，疑难复杂问题层出不穷，司法前线亟须理论驰援。然失之于粗疏的传统学说无力应战，解释力捉襟见肘，说服力常显不足。当代中国刑法学在前进中，逐渐抵达旧有研究范式的边界。

突破边界的希望在青年刑法学者身上。青年代表着活力和创新。青年时期的作品未必成熟，却是一个学者最有锐气和激情的探索，预示着一个学科临界知识的裂变，可遥见个人未来学术巅峰的气象。立足于前辈学者积累的传统，受益于学术开放的新风，当代青年刑法学者起点更高，比较法的视野更加开阔，学术训练更加规范，是深耕概念体系、探索前沿法理、促进刑法理论纵深发展的先锋。

不仅在理论发展上，青年学者还在沟通实践上被寄托了希望。刑法理论面对的，固然有所有时代共同面临的深刻的哲学和伦理问题，但与时俱变的实定法底色，决定了它更需要面对当下时代最紧迫的社会问题。在这个意义上，部门法理论有着独特的任务，它不能"躲进小楼成一统"，成为仅供同道中人哲思之乐的逻辑游戏，更不是移植国外理论亦步亦趋的"留声机"，它必须为本国的司法实践提供解决具体问题的理论方案。有更多机会接触到各国先进刑法理论与判例经验的青年学者，也有更大的责任推动理论的本土化与实务化。这不仅是中国刑法学实现学术自主的必由之路，也是青年刑法学者不能回避的学术使命和社会责任。

尽管青年学者有诸多重要角色和使命，当下学界的生态，却往往是青年学者处在"出头不易""不被看见"的窘境。大多数时候，他们的光芒都被遮蔽了。一方面，学者的研究成果多以论文形式面世，各种职称评定、学术评奖也常与论文挂钩，因此，论文发表对青年学者至关重要。但是，法学期刊版面有限、僧多粥少，发表殊为不易。对于要处理海量来稿的编辑而言，以声誉背书的名家稿件，确实会占据一些降低选检成本的优势。与之相比，尚未成名的青年学者的稿件，只能纯粹依靠论文水准比其他人明显高出一筹，才可能得到编辑的青睐，其难度可想而知。这也常导致一些优秀的论文成为遗珠。另一方面，各种会议、论坛、沙龙，是学者之间交流思想、切磋经验甚至华山论剑的重要机会，但是绝大部分青年学者在这些场合很难出头露面，而只能充当听众和分母。在学界与实务界的沟通上也是如此。无论是立法、司法活动还是律师、法务实务，往往将橄榄枝递向了名家大咖。青年学者很少有了解实践中的真问题和经验智慧的渠道。很多青年学者的文章被批评"翻译腔""不接地气""只会谈外国问题",其中也有接触实践的机会太少的原因。即使一些研究成果确实为实践中的难点提出了较一些名家观点更有解释力的方案,但同样是因为知名度而人微言轻,不被实务工作者得知或重视。在一定程度上,这又反过来进一步驱使青年学者远离本土实践,因为只有在那个更加趋向纯粹思辨的封闭的概念世界中,青年学者才能为自身及其研究找到存在的意义。

这种论资排辈的沉闷风气应该破除了。打造一个真正以青年刑法学者为主角的学术舞台,让学界和实务界更多地看见青年之光,这就是"刑法新青年"系列学术活动的追求。按照目前的想法,它包括"全国青年刑法学者实务论坛"与"全国青年刑法学者在线讲座"两个系列。线下的"实务论坛"定位在理论与实务的贯通,围绕实务争点,鼓励青年学者运用理论滋养实践需求,也用实践智慧反哺自身的学术研究。线上的"在线讲座"旨在展现青年学者最新的理论探索,鼓励青年学者把个人独思所得的成果,通过在线方式更广泛地传播,使得同道之间有更多相互砥砺的机会,腹心相照,声气相求。"刑法新青年"的这两个系列活动,虽然在理论和实务方面各有侧重,但是共同点在于,它们没有地域之别,也没有门户之见,是专门为全国青年刑法学者量身打造的,是全国青年刑法学者一身专属的。

既然是青年学者的活动,就要有青年活动的样子。我寄希望于通过"刑法新青年"系列学术活动,开辟"宽严相济"的会议新风。一方面,充分体现对青年学者的礼遇,让青年学者参加学术活动时感受到被尊重。论坛和讲座均采取邀请制，所有受邀者参加活动的费用，包括参加现场会议的交通和食宿费用及参加线上讲座的主讲和评议费用，都由邀请方承担。另一方面，从一开始就约定现场办会的规则：（1）所有参会者自行到会和离会，除年长的前辈或者特殊情形外，承办单位一律不安排接送事宜；（2）会场未事先摆放座位顺序，而是由参会者入场前领取自己的座签，入场后随意就座。所有办过会的人都深知，这些细节实是令办会者头疼和费心的事务，有时看似安排得周到妥帖，实际上办会师生的精力都投入其中，很难再有时间坐下来听会学习。长此以往，办会负担令人生畏，学术会议也减弱了其学术性。因此，革新会风，不妨就从青年学者的会议开始。

帮助比自己更年轻的青年学者，让他们的光芒被看见，有此想法时，我刚过四十。虽然我也明白，在这个年龄未必适合做这件事情，因为把时间和精力投入自己的研究著述中，对一个学者来说才是最符合学术规划也是收益最大的选择；况且办活动总是要协调各种关系，这对于不善社交的我来说也是个负担。不过，世事无常，回头去看，很多事情都难讲是理性构建、循序渐进的产物，而是自生自发、随缘流转的因果。尽管"青年"的年龄边界在当代观念中一再扩大，但我个人在心态上早有浮生苦短之感。"人生无根蒂，飘如陌上尘。""及时当勉励，岁月不待人。"立言杀敌，行乐积善，都当及时。我体会过青年学者刚出道时的不易，也曾受惠于前辈学者的厚爱提携，当因缘到来时，就不再犹豫。"天下事，在局外呐喊议论，总是无益，必须躬身入局，挺膺负责，乃有成事之可冀。"（曾国藩《挺经》）

北京市盈科律师事务所（盈科所）襄助学术的热情，特别是对青年主题的高度认同，就是我决意起身立行的因缘。赵春雨律师是一位杰出的职业女性，正是在与她的交流中，实务论坛和在线讲座雏形初现。她的爽朗、细腻和大气，让双方的合作愉快顺畅。梅向荣主任的鼎力支持，也让我感受到盈科所的格局和诚意。盈科所青年律师人数众多，朝气蓬勃，恰好能够与"青年与实务"的主题呼应。关于实务论坛和在线讲座的具体设计方案及全方位资助青年学者参加活动的希冀，我得到了盈科所积极热情的回应和支持。没有盈科所的参与，在我脑海中的那些想法，至少还要继续徘徊更长的时间才能落地。这是值得感念的因缘际会。

感谢刑法学界的前辈老师。没有前人开风气和指引方向，再有活力的青年，也可能是在走回头路甚至南辕北辙。特别是陈兴良老师宽以待人、乐于奖掖的风范对我影响很大，创办青年主题的学术活动，也得到了他的鼓励和支持。感谢应邀与会的诸多学界同道，作为已经成长起来的学界中坚，愿意来为更加年轻的学者站台鼓掌，甘当绿叶陪衬红花，这是行胜于言的友爱传递。感谢应邀与会的诸多期刊编辑老师，他们的主持和点评，使得青年论坛和讲座，在某种意义上成为一场针对青年刑法学者及其最新研究成果的"选秀大会"。感谢来自司法机关和律师事务所的实务界的朋友，没有他们的积极参与，"实务论坛"就会名实不副，落入那种由理论空唱独角戏的传统会议的窠臼中。感谢北京大学出版社特别是编辑杨玉洁女士的友情支持，"刑法新青年"的文字成果，包括"实务论坛"与"在线讲座"两个系列，都将以精美的装帧陆续出版面世。

"刑法新青年"是一座由学界、实务界、期刊和图书出版界齐心协力共同打造的学术舞台。台下的观众，有资深的前辈和中坚，有各大期刊和出版社的编辑，有公检法的实务专家，而舞台上的主角，一直是青年刑法学者。谁都年轻过，谁也不会永远年轻。时光流转，代际更迭，我希望这个舞台能够在接力中持续下去，它将永远属于青年一代。

车　浩

2021年4月4日

于京西见山居

目 录

开幕式 / 001

第一单元　故意的认定 / 017

 第一场　报告 / 019
  一、报告 / 019
   论故意认定的规范化及其限度　陈尔彦 / 020
  二、评议 / 030
  三、自由讨论 / 052

 第二场　报告 / 061
  一、报告 / 061
   论故意中概括明知的司法认定　谭　堃 / 062
  二、评议 / 070
  三、自由讨论 / 096

第二单元　非法占有目的的认定 / 107

 第三场　报告 / 109

一、报告 / 109

　　非法占有目的之概念厘清、内涵与判断路径　陈少青 / 110

二、评议 / 120

第四场　报告 / 139

一、报告 / 139

　　诈骗行为构造与非法占有目的的认定　史令珊 / 140

二、评议 / 148

三、自由讨论 / 170

闭幕式 / 179

开 幕 式

主持人：付玉明（西北政法大学刑事法学院教授、《法律科学》
　　　　　副主编）
致辞人：范九利（西北政法大学党委副书记、校长）
　　　　贾　宇（上海市高级人民法院党组书记、院长，中国刑
　　　　　法学研究会会长）
　　　　陈兴良（北京大学文科一级教授）
　　　　王政勋（西北政法大学刑事法学院教授、中国刑法学研
　　　　　究会副会长）
　　　　赵春雨（北京市盈科律师事务所中国区董事会副主任）
　　　　车　浩（北京大学法学院教授、副院长，北京大学犯罪
　　　　　问题研究中心主任）

主持人：付玉明

尊敬的范校长、贾宇会长、陈兴良教授，各位专家学者、参会代表：

大家上午好！

"秋风吹渭水，落叶满长安。"欢迎大家莅临古都西安，参加第四届全国青年刑法学者实务论坛。由车浩教授首倡发起的"实务论坛"，旨在贯彻刑法学开放交流、兼容并包的学术理念，探索理论与实务紧密结合、互助共赢的新路径，为青年学者搭建交

流互助的学术平台，推动中国刑法理论研究的本土化和现代化，为中国法治事业贡献智慧力量。今天，来自五湖四海、具有不同学缘结构的的青年刑法学者相聚古都，交流学问，实为学界盛事。

在此，请允许我介绍一下出席开幕式的领导和嘉宾：

西北政法大学党委副书记、校长范九利；上海市高级人民法院党组书记、院长，中国刑法学研究会会长贾宇；北京大学文科一级教授陈兴良；北京大学法学院教授、副院长，北京大学犯罪问题研究中心主任车浩；《中国法学》原编审白岫云；西北政法大学刑事法学院教授、博士生导师，中国刑法学研究会副会长王政勋；上海交通大学凯原法学院教授、博士生导师，中国刑法学研究会副会长于改之；西南政法大学法学院教授、博士生导师，中国犯罪学研究会副会长石经海；最高人民法院研究室刑事处处长喻海松；陕西省人民检察院检察委员会专职委员谭鹏；陕西省高级人民法院党组成员、审判委员会委员、执行局局长赵合理；北京市盈科律师事务所中国区董事会副主任赵春雨律师；以及我们本届论坛的总负责人，西北政法大学刑事法学院院长、教授、博士生导师冯卫国。

出席开幕式的特邀嘉宾有：

厦门大学法学院教授、博士生导师李兰英；四川大学法学院教授、博士生导师魏东；中国社会科学院大学法学院教授、博士生导师邓子滨；吉林大学法学院副院长、教授、博士生导师，《当代法学》副主编王充；中国政法大学刑事司法学院副院长、教授、博士生导师王志远；上海政法学院刑事司法学院院长、教授、博士生导师彭文华；昆明理工大学法学院副院长、教授陈伟强；云南大学法学院教授、博士生导师王昭武；华东师范大学法学院教授、博士生导师钱叶六和柏浪涛。

同时，到场参会的还有司法实务界的代表：

陕西省人民检察院检察委员会委员、第四检察部主任黄海；西安市中级人民法院刑二庭庭长王全谋一行；西安市人民检察院第四检察部李琦一行；西安市雁塔区人民检察院党组书记、检察长苑伟一行；昆明市官渡区人民检察院党组书记、检察长陈育一行；葫芦岛市龙港区人民法院副院长王继余；以及北京市盈科律师事务所刑辩学院副院长艾静、张靖波团队一行。

此外，还有来自全国30余所知名学府的60多位青年才俊，以及来自全国各地司法系统和律师界的140余位业内代表。当然，不可或缺的还有西北政法大学刑事法学科会议筹备组、以谭堃老师为代表的10余位教师及20余位博士生、硕士生志愿者。欢迎并感谢大家！

下面进入致辞环节，首先有请西北政法大学党委副书记、校长范九利致辞。

致辞人：范九利

尊敬的各位来宾、亲爱的同学们，以及线上参会的贾宇院长和陈兴良教授，大家中午好。秋节已近，与书长安，感谢和欢迎嘉宾朋友们应邀参加第四届全国青年刑法学者实务论坛。

2020年11月，中央全面依法治国工作会议召开，正式提出习近平法治思想。本次论坛的召开正值习近平法治思想提出三周年之际，也是学习贯彻习近平法治思想的重要举措，正逢其时，意义重大。实务论坛也为青年刑法学者提供了更大的学术交流舞台，促进了理论与实践的融会贯通，为中国刑法学的发展和法治事业贡献了重要力量。

全国青年刑法学者实务论坛已经成功举办了三届，成果丰硕，意义非凡，在理论与实务界反响强烈。本届论坛由教育部刑法课程虚拟教研室、北京大学犯罪问题研究中心主办，西北政法大学刑事法律科学研究中心承办，北京市盈科律师事务所协办。在此，我谨代表西北政法大学对本届论坛的胜利召开表示热烈的祝贺，对各位来宾、各位专家长期以来对我校事业发展的关心、支持和帮助表示衷心的感谢。

西北政法大学的前身是1937年由中国共产党创立的陕北公学，在多年的办学历程中，学校始终坚持弘扬政治坚定、实事求是、勇于创新、艰苦奋斗的优良传统，立足陕西、面向西北、服务全国和"一带一路"的建设。学校坚持中国立场、法治信仰、国际视野、平民情怀的育人理念，86年来累计培养了18万余名德才兼备、德法兼修的高素质专门人才，为国家的民主法治建设、边疆稳定安全和地区经济社会发展做出了重要贡献。

学校重视学科建设和科学发展，积极推动学术创新和社会服务，积极承担社会责任与法治使命，充分发挥西北地区法学重镇的高校职能，致力于服务西北地区经济社会发展与法治建设需求，为西北地区的经济社会发展和民主法治建设提供人才支持和社会服务。西北政法大学刑事法学院是学校历史最长的二级教学科研单位，在全国法学教育与研究领域有着非常重要的影响。依托于刑事法学院，学校分别设立了刑事法律科学研究中心、刑事辩护高级研究院等学术平台，为中国刑法学的理论发展和法治人才培养做出了重要贡献。

近年来，中国的刑法学研究取得了长足的发展，在刑法知识面临转型的同时，培养优秀青年刑法学者成为一项重要而又迫切的任务。举办本届论坛就是为了展示各位专家、学者的研究成果和学术思考，通过这种学术交流，深化对刑法学的理解和认识，促进刑法理论与司法实践的融合，推动中国刑法学的发展和进步。所以，希望与会的各位专家学者能够积极建言，深入探讨，取得丰硕成果，为国家法治建设做出更大的贡献。最后，预祝本届论坛取得圆满成功，祝各位来宾身体健康，工作顺利，万事如意。谢谢大家。

主持人：付玉明

谢谢范校长热情洋溢的致辞，接下来有请上海市高级人民法院党组书记、院长，中国刑法学研究会会长贾宇线上致辞。

致辞人：贾　宇

九利校长，兴良教授，各位专家学者，朋友们：

大家下午好！今天，第四届全国青年刑法学者实务论坛在西北政法大学召开。车浩教授和玉明教授邀我参加。我本人特别想回去见见大家，但非常遗憾，因为工作原因没有办法线下参会。在这里，通过视频的形式，我代表中国刑法学研究会对本届实务论坛的召开表示热烈祝贺！

  本届实务论坛的主题是"犯罪主观要素的认定"，我对这个话题很感兴趣。28年前，我在武汉大学师从马克昌先生攻读刑法学博士，学位论文题目就是《犯罪故意研究》。当年在撰写博士学位论文时，我围绕犯罪故意相关主题陆续发表了一些文章，博士学位论文连同这些文章历经数次增删编修，前几年才付梓成书。

  就我个人理解而言，当时学界对犯罪故意问题的讨论，在目前仍有一定的学术价值。比如，行为人明知危害结果必然发生而实施的危害行为，应当被认定为直接故意还是间接故意，当时存在着争议。一种观点认为，既然明知危害结果必然发生，行为人的主观意志就是"希望"，应属直接故意。另一种观点则认为，行为人虽然明知结果必然发生，但主观意志不见得是"希望"。比如，行为人意欲毒杀其妻，但明知其妻每次均与幼子同碗吃饭，毒死妻子必然毒死幼子。最后，强烈的杀妻欲望，还是使他决定投毒了。行为人明知其幼子的死亡结果必然发生，但该意志显然又不是"希望"，和杀死妻子的意志心态显然不同。针对这一争议，我当时提出，将犯罪故意中的直接故意和间接故意的分类回归到直接还是间接的文字原意上去；犯罪故意中的认识因素和意志因素，可以有另外一种分类法，即希望故意、容忍故意、放任故意。其中，容忍故意由我首次提出。容忍故意的情形可以解释前述案例，再比如，甲想要杀死飞机上的乙，在飞机上安置炸弹，甲明知这次爆炸必然会使飞机上的其他乘客丧生,但为了达到杀死乙的目的,他容忍了必然发生的其他危害结果。我认为这种分类法,在罪过的认定上相对来说更合理一些,也能解决两派争议的问题。通过对犯罪构成的研究,我认为学理上的犯罪故意的概念应当表述为:明知会发生违法的、构成要件的事实,并决意实施构成要件的行为,以及希望、容忍或放任构成要件的结果发生的心理状态。我看到,本届实务论坛的第一单元就是"故意的认定",希望大家热烈讨论,也欢迎大家批评指正。

几年前,我调到实务部门,在工作中我发现司法实践中还存在一些对犯罪主观罪过重视不够、认定不准的现象。从我参与讨论的一些案件来看,有些办案人员还有一定程度的客观归罪的倾向。只要发生了受伤、死亡的结果,办案人员就很自然地朝着故意伤害罪、故意杀人罪的方向考虑。最后,案件到底被定性为故意杀人还是故意伤害,重伤害还是轻伤害,就按照法医鉴定的结果来判断,并未认真地探究行为人的主观罪过是什么,而只简单地以危害结果去推定行为人的主观心态,进而对其定罪量刑,这不符合主客观相统一的原则。这些刑事司法实践也让我有所感触,所以我在今年的刑法学研究会年会上谈到,老师在教学过程中,要培养学生扎实掌握犯罪构成的基本要件,比如,关于犯罪故意和过失等基本概念,起码在本科生的教学实践中不要掺杂一些说不清、道不明的理论争议。

本届实务论坛的主题非常重要。今天与会的大部分是青年刑法学者、学界翘楚,希望通过本届实务论坛,增进大家对主观罪过的认识,进一步改进教学内容和方法,共同推进罪过理论的发展。中国刑法会研究会自换届以来，一直倡导发挥好刑法学人才培养的传帮带作用，打破陈规，多把机会、平台留给年轻人，充分展示你们的才华。车浩教授等青年翘楚组织的全国青年刑法学者实务论坛已经举办到第四届了，前几届的效果都很好，希望你们坚持办好论坛，为青年学者提供更大的学术交流平台，促使大家共同进步、共同学习，最终推动中国特色社会主义刑法学体系的发展完善。

最后，向线上、线下与会的各位老朋友，向西北政法大学的老师、同学们致以问候！预祝本届实务论坛取得圆满成功！谢谢！

致辞人：陈兴良

各位来宾，大家好！

首先，我要祝贺第四届全国青年刑法学者实务论坛在西北政法大学隆重举办。本论坛是在中国刑法学研究会的指导下，由教育部刑法课程虚拟教研室、北京大学犯罪问题研究中心主办的，一个以刑法青年学者为主力军的学术论坛。目前，在我国刑法学界，一批"80后"的青年学者已经脱颖而出，他们在刑法的各个领域从事各种研究，为提升我国的刑法学理论水平，做出了很大的贡献，可以说，这些"80后"的青年学者，是我国刑法学界的一股学术新势力。

全国青年刑法学者实务论坛为青年学者发表自己的学术见解提供了一个很好的平台。我有幸参加了前两届，本届是第四届。本论坛所拟定的议题具有非常重要的理论意义和实践意义。例如，第一届论坛的主题是"诈骗罪的理论与实务"，第二届论坛的主题是"因果关系的理论与实务"，第三届论坛的主题是"贿赂犯罪的理论与实务"，这些主题和司法实务的联系是非常紧密的，讨论的问题既有刑法分则当中一些疑难复杂的案件及罪名，又有因果关系这样一些具有理论性的内容，这些的课题也会为司法实务解决疑难案件带来理论的指导。

本届论坛的主题是"犯罪主观要素的认定"，主要涉及犯罪故意的认定和非法占有目的的认定等这样一些主观要素的认定。这是一个具有前沿性的理论问题，和司法实务的联系也是极为紧密的，而且参加论坛的不仅有青年刑法学者，还有一些律师，以及其他实务人员，在这个论坛上，他们把理论和实践紧密地结合起来，进行思想碰撞，这对于我国刑法学术发展，具有积极意义。目前，刑法的论坛或者研讨会非常多，但是我认为，全国青年刑法学者实务论坛是独树一帜的，它的每年如期举行对于促进青年刑法学者的成长，具有重要的意义。我预祝本届全国青年刑法学者实务论坛取得圆满成功，并且希望本论坛逐年地办下去，越办越好，为培养刑法青年学者做出应有的贡献，谢谢大家。

致辞人：王政勋

首先，热烈欢迎来自各地的理论界学者和实务专家们，并祝贺第四届全国青年刑法学者实务论坛顺利召开。每年刑法学界的会议有很多，但有特色的会议主要有两类：一类是像每年召开的刑法学年会这种的大型会议，这类会议类似于刑法学界的"武林大会",有其存在的必要,但学术讨论深度会稍弱一些;另一类是像本论坛这样的小型会议,这类会议类似于刑法学界的"比武大会"。本届论坛只讨论四篇论文,因此讨论将会非常深入。以前的青年刑法学者论坛是由"50后"学者办的,现在的青年刑法学者实务论坛交给了"70后"学者,这样的会议对于培养"80后""90后"的学者非常有意义,也有利于刑法学的薪火相传。

本届论坛的选题也很好,一个是客观与主观,一个是形式和实质。客观方面的问题把握起来相对比较容易,但主观方面的问题由于深藏在人的内心,把握起来难度比较大。对于故意的体系性地位、故意的内部构成、主客观应当如何相一致,以及主客观一致需要达到什么样的程度这些问题,我认为都值得理论界进行深入探讨。本届论坛的四位报告人的论文写得都非常有水平,在他们的论文中可以看到理论与实务的充分结合。

相信本届论坛中的每一位与会成员都会有所收获。祝福各位在刑法学的研究领域走得越来越远,超越前人,执世界刑法学之牛耳。

谢谢大家!

致辞人:赵春雨

尊敬的各位领导、各位专家,亲爱的青年学者朋友们、来自实务界的朋友们:

大家下午好!

"长安秋望,梦回大唐。"非常开心能够借第四届全国青年刑法学者实务论坛举办之机,来到千年古都、历史文化名城西安,来到法学高等学府西北政法大学(西法大)。昨晚在大唐不夜城感受人潮涌动,今天在西法大会场见证名家云集,不同的场域,相通的滋养,代表着我们对文化自信、专业自信的守护与传承。此时此刻,我谨代表盈科律师事务所感谢指导单位、主办单位和承办单位对盈科的厚爱。接下来,我想表达"一点欣慰"、"一种责任"和"一份期待"。

首先,"一点欣慰"。回想起全国青年刑法学者实务论坛的缘起,还是在2019年7月,车浩教授在北京大学法学院的咖啡厅提出了这样一个创意,盈科有幸能够深度参与。第一届论坛在浙江大学华丽落地,随后在华东政法大学、武汉大学的不断升级,一直到今天的第四届,应当说是产生了广泛的、空前的影响力。自2023年起,为回应广大青年刑法学者热切的需求,为了回应广大实务界热切的期盼,全国青年刑法学者实务论坛由一年一届改为了春秋两届。盈科始终相伴、相惜,这不仅是律所的荣幸,也是全体盈科律师的荣幸,更是盈科刑辩人的福音。

其次,"一种责任"。盈科律师事务所总部设在北京,在中国区域有115家分所,目前是全球规模最大的律师事务所,盈科所目前有执业律师15789人,其中45岁以下的青年律师达到了12249人,占比77.58%。应当说,青年兴,盈科兴,培养青年、扶持青年发展是盈科始终如一坚守、践行的理念,它与全国青年刑法学者实务论坛的办会理念是高度契合的,而盈科全国刑事法律专业委员会目前有超过1500名的委员。据我统计,在2021年至 2022 年度，盈科全国的刑辩律师办理的刑事案件达到 49920 件，2023 年 1 月至 10 月，已办理了 29980 件案件。应当说，盈科有全国最大的刑事律师团队，也有最为丰富的扎根基层的实践经验。因此，我们更加深刻地感受到，司法实践需要理论的支持，广大的青年群体需要高屋建瓴的指导，这能让他们在未来更易找到方向，在刑事辩护的正道上前行。所以说，在未来，无论全国青年刑法学者实务论坛办到哪里，盈科就追随到哪里，盈科只讲落实，不谈条件。希望全国青年刑法学者实务论坛，能够"盈科而后进，历久而弥香"。

最后，"一份期待"。主观故意历来都是刑法学界和实务界的一个难点问题。我们注意到，在理论上有主客观相一致的共识，但在实践中确实有着客观归罪的情况和倾向。所以我们认为，在行为规范和裁判规范上确实存在着两种不同释义的现象，出现了不同的立场，不同的思维，由此导致了不同的判断。为此，主观故意的理论在学术建构上急需更加精细，力求在实践中达成行为规范与裁判规范的统一。

预祝第四届全国青年刑法学者实务论坛圆满成功，预祝全国青年刑法学者实务论坛硕果累累，为推动刑法学科和刑事司法的高质量发展做出更多的贡献。

谢谢！

致辞人：车　浩

尊敬的范校长，贾会长，陈老师，政勋教授，卫国教授，玉明教授，春雨主任，还有各位老师、同学，各位嘉宾：

大家下午好！

非常高兴大家来参加我们这样一个集结了各方能量和热情的论坛。中国是诗歌的国度，西安尤其是这个诗歌国度王冠上的瑰宝之都。最近一部电影《长安三万里》也是火爆全国，好像看这个电影的人不会吟几句诗，便不好意思当中国人。那么，今天我的致辞就用三句诗来表达。

第一句是"春风得意马蹄疾，一日看尽长安花"。刚才春雨主任介绍到，我们和盈科所的沟通得到了梅向荣主任和赵春雨主任的支持，我们这个论坛由之前的一年一届改为现在的每年两届，这个考虑是为什么呢？经过这三年疫情，我们感到时间太快，人生太快，我们要把在疫情中失去的时间抢回来。学术是永恒的，青春也是常驻的，但是每一个人的学术青春期不是永恒的，"80后"在近几年很快就要奔赴中年了，"90后"也即将登上舞台。所以一万年太久，只争朝夕。我们迫不及待地希望尽可能多举办这样的论坛，为不同时代的青年学者提供一个永恒交流的机制和唱主角的机会。在古老的西安，我们邀请全国范围内的青年学者代表参会，在这里绽放青春之花，绽放学术之花。所以，这是第一句诗的意思，一日看尽长安花。

第二句是"冲天香阵透长安，满城尽带黄金甲"。本届论坛的主题是"犯罪主观要素的认定"，包括故意和非法占有目的的认定，这一直是刑法理论与实践中的难题。这次各位报告人都携带自己的得意之作，各位评论人都提前精心准备了自己的评论稿,相信届时必将高论迭出,各种学术争论必将你来我往,刀光剑影之中,在学术的舞台上"华山论剑"。我们期待,学术理论的香气必然会香透长安,青年学者的锐气也必然是一种"满城尽带黄金甲"的森严气象。

第三句是"浮生只合尊前老,雪满长安道"。作为主倡人,我在闭幕式上就不发言了,所以有些话就提前说。在这里特别感谢西北政法大学的鼎力支持,感谢范校长,感谢政勋教授、卫国教授、玉明教授、谭堃副教授,感谢西北政法大学各位师生劳心劳力的付出。同时,也特别感谢全国各地的学者和实务部门的同仁,不远千里共聚长安。本届论坛是在全国范围内公开征集评论人的,有几十位学者积极报名。我们秉持着学术的公心,根据报名者的研究基础和经验来选择邀请对象,被邀请的对象包括很多我本人未曾谋面的青年学者,报名志愿参会评论的有很多来自上海、东北等地的法官、检察官,以及来自全国各地的律师。例如,昆明市官渡区检察院跟我联系,由陈育检察长亲自带队,共有5位检察官专门来参加本届论坛,令我很感动。以往的学术会议很少会出现这种与实务部门之间形成的如此密切真诚的互动,所以这对我们是一个很大的激励。最后这句"浮生只合尊前老,雪满长安道",我本想在闭幕式上说的。这句诗的意思是说,人生在半醉半醒之中就过去了,大雪飘下,阻碍了长安的道路,还是留下不要回去了。我想借这句诗表明的意思是,希望大家不要辜负东道主西北政法大学的盛情,在论坛之余,也不要错过古城长安的风韵,西安的美景和美食都让人流连忘返。每一次的青年论坛既是学术观点的论战,也是学术情感的交流,也是对祖国名山大川、美景美食的渴望和拜访。所以,希望大家珍惜机会,享受长安。

谢谢各位。

第一单元
故意的认定

第一场
报　告

主持人：白岫云（《中国法学》原编审）
　　　　谭　鹏（陕西省人民检察院检察委员会专职委员）
　　　　魏　东（四川大学法学院教授）
　　　　陈伟强（昆明理工大学法学院副院长、教授）
　　　　姚万勤（西南政法大学法学院副教授）
报告人：陈尔彦（德国弗莱堡大学法学院博士生）
评议人：张志钢（中国社会科学院法学研究所副研究员）
　　　　喻浩东（复旦大学法学院讲师）
　　　　徐　然（中国政法大学法律硕士学院副教授）
　　　　李世阳（浙江大学光华法学院副教授）
　　　　汪　鹏（西北政法大学刑事法学院副教授）
　　　　曾军翰（北京大学习近平新时代中国特色社会主义思想
　　　　　　　研究院博士后）

一、报告

主持人：白岫云

非常荣幸能够成为本届论坛第一场报告的主持人，本届论坛的两个议题都非常有问题意识，紧贴司法实务，是学界、实务界讨论的重点。我们现在开始第一单元"故意的认定"的第一场报告。由德国弗莱堡大学法学院的博士生陈尔彦作报告，发言时间为30分钟。下面，有请陈尔彦博士。

报告人：陈尔彦
论故意认定的规范化及其限度

大家下午好！

我今天汇报的题目是《论故意认定的规范化及其限度》，关于故意概念及其认定问题在理论与实务中充满争议，我认为只有从规范上准确把握故意的本质，才可能真正地澄清问题。

长期以来，故意被视为一个纯粹描述性的事实概念。在德国，从学术史的演进来看，故意概念的事实性和心理学化可以追溯至费尔巴哈时期。费尔巴哈以心理学作为分析故意的基本方法，直接根据行为人心理事实的有无，认定故意或过失的成立。此后近两百年来，德国无论是理论还是实践，都致力于提出形形色色的思考路径与学说主张，以期将故意的认识与意志要素作为一种心理事实来加以描述。在我国，从《刑法》第14条的明文规定来看，犯罪故意被理解为一种由认识因素与意志因素共同构成的主观心态、犯意。而"认识""意志""心态""犯意"等词语在日常用语中，指的就是一种存在于人类脑海中的心理事实。在此基础上，为了对作为心理事实的"认识"与"意志"进一步予以具体化，我国学者又结合《刑法》规定，对"认识"与"意志"的内涵展开了各种精细描述。例如，故意的认识因素是

"明知自己的行为会发生危害社会的结果"。直接故意的意志因素是"希望危害结果的发生""希望是指行为人积极追求结果发生"等。

一旦将对故意的把握视为一个纯粹的事实认定问题，那么在个案中行为人究竟有无故意，就和"行为人在案发时曾到过现场"或"行为人与被害人此前素不相识"一样，完全取决于司法人员在整体考察全案事实的基础上，依据经验法则而形成的自由心证。而对于事实证据的把握与自由心证的形成，刑法学者的意见相比起具有丰富经验和充足信息的司法人员乃至一般社会公众的意见，未必就更值得信赖。况且，基于社会分工的要求及法官与学者的不同角色定位，对事实的认定原本就属于法官的特权。

由此可见，一旦将故意理解为一个纯粹的事实概念，将故意认定理解为对行为人在行为时的心理事实的查明与证明问题，则有关故意概念的各种精细化讨论与教义学思考，就都被遮蔽在个案考察、整体评价、证据剪裁、综合权衡等似是而非且难以把握的话语之下。这不仅会导致实体法理论研究的懈怠，也即要么使理论研究的品位降格为对日常生活经验的归纳总结，要么使实体上对处罚正当性的追问淹没于对证据能力的审查和对证明力的把握等程序法问题之下。更为致命的是，这还会导致个案中的故意认定过程彻底进入黑箱状态。

接下来我将通过梳理"规范化"在刑法学中的不同面向、"故意规范化"的含义来确定"故意规范化"的基本内涵。

首先有必要澄清"规范化"的含义，在最一般性的意义上，"规范"或"规范化"可以被理解为与规则或价值相关。

"规范"一词在刑法学中的适用情境：（1）在一些场合，"规范"与"存在"相对应，指的是根据刑法和刑罚的目的、功能，而非根据预先给定的事物存在构造，发展相应的刑法范畴。典型的例子就是以德国学者雅科布斯（Jakobs）的观点为代表的，根据其刑罚理论建构而成的"规范主义刑法学体系"与目的行为论的"存在主义刑法学体系"，以及"规范责任论"与"心理责任论"。（2）在一些场合，"规范"与"事实"相对应，意味着超越核心语义范围的对事实的扩张理解，且在实际运用中更多强调其与事实相违背的、拟制性的一面。例如，"不以事实控制力为必要条件，只要具备了规范依据就可以成立占有"的纯粹"规范化"的占有概念。（3）在一些场合，"规范"与"描述"相对应，指的是要求运用某种价值或评价活动，而不能直接借助感官被感知，如"规范的构成要件要素"相对于"记述的构成要件要素"。（4）在一些场合，"规范"还可能与"经验"相对应，其对应关系可以大致理解为"应然"与"实然"之间的对应关系。在这个意义上，当我们说"法学是一门规范科学"时，指的是法学创设或捍卫某种价值或规则。在上述四种适用情境中，"规范"的含义并非截然对立，而只是侧重点不同，由此也反映出"规范化"在刑法学中的不同面向。

从目的理解的维度来看，对应于上述"规范化"的第一层含义，在法教义学领域，"规范化"首先意味着以一种功能、目的的视角去考察、解释概念，根据概念在体系中被赋予的功能，目的性地把握概念。而在刑法语境下，这种功能和目的指的就是刑罚的正当性及其目标。这是因为，对犯罪事实的认定本身就是一种评价活动,而法作为这种评价活动的根据,并不仅仅是对现实世界的描述,而且还是对现实世界的规制。举例而言,如果没有"人被枪击中要害部位就大概率会死亡"的存在意义上的自然法则,在法的层面就不可能设定"禁止向他人要害部位开枪"的行为规范。但是,法完全也可以不设定这样的行为规范,如果法并不以一般性地保护他人的生命为其任务与正当化来源。换言之,法若想要为社会生活提供导向,就必须与自然世界发生联系。但是,法究竟要和哪些自然状态或事件建立关联,是由法自身所决定的,并不是根据某种基于其他目的形成的对自然的事物逻辑的理解,后者在故意犯的语境下指的就是行为人的心理。

从意义创制的维度来说,对应于上述"规范化"的第二层含义,"故意规范化"在实际运用时,有时也意味着对故意概念核心语义的超越。如前所述,当我们以"一个理性人必定能够认识到行为的风险"来理解故意的认识因素,以"行为人在认识到风险的情况下仍实施行为"来理解故意的意志因素,此时的故意认识与意志就不再是原初意义上的认识与意志,而是一种规范评价的结果。尽管对故意作事实性理解是学界与实务界长期以来的共识,但是,这种理解会导致故意认定的恣意性与黑箱化,使故意认定丧失其教义学品格,陷于对"明知"与"希望""放任"的同义反复,沦为某种基于个人经验直觉的推理游戏,例如,被害人曾剐蹭过行为人的车,行为人怀恨在心,因此接受了被害人的死亡;或沦为个体价值观的宣称与辩论,例如,仅仅是车被剐蹭并不能成为一个足够强的理由,以至于使行为人对被害人的死亡持接受态度;或沦为对司法经验的观察总结。因此有必要从正面承认、提倡"故意规范化",以故意犯处罚的正当性为出发点,基于目的理性的视角,摆脱心理学的枷锁,澄清故意的规范本质及其规范化限度。

"故意规范化"的思考由来已久,德国学者克劳斯(Krauss)在20世纪70年代就敏锐地指出,"故意与过失的界限并不在于以心理学手段去穿透行为人的某种心理事实,而在于涉及对社会不当行为的规范类型构建问题。要探讨的是,在何种情形下,行为人的心理态度足以彰显出他是一个故意构成要件意义下的侵害性行为人"。理论上对"故意规范化"可以尝试区分为三个维度:(1)认识因素的规范化;(2)意志因素的规范化;(3)以负责原则为基础的"故意规范化"。其中,第一、第二个维度将分别在一定程度上导致认识因素和意志因素的客观化,而第三个维度则是一种对故意最彻底的规范化,它在导致故意客观化的同时,也将导向"认识因素不要说"的结论。

在实际运用时,这三个维度可大致对应三个具体问题:(1)能否因为行为在客观上具有高度危险性,就认为行为人具备故意认识?(2)行为人明知风险却依旧实施行为的,能否当然认为行为人具备故意意志?(3)若行为人事实上根本不具备故意认识,是否有可能根据他欠缺认识的原因,而依旧认为他具备故意?

我将分别对这三个维度的代表性观点展开论述:

第一,认识因素的规范化。在"认识因素的规范化"维度之下,又可以进一步细分出两种路径:一种路径是完全以客观第三人的认知取代行为人的实际认知;另一种路径则承认行为人实际认知的必要性,但与此同时,对于行为人认识的风险是否重要的判断,则不取决于行为人对自己的评价,而应交由法秩序,即法官来判断。这种故意认识因素的规范化的路径,是在承认行为人认识必要性的前提下,进一步要求应当根据规范标准对这种风险进行评价,通过分析对行为人已认知风险进行评价的原因、行为人的自我评价与法官评价,来明确"认识因素的规范化"的实质理由。

从两种不同的角度反映理论上故意认识因素的规范化,这两种角度的本质差异在于规范化的对象不同。第一种角度在结论上相当于以客观第三人处于行为人情境时所能认识到的内容取代行为人的实际认知,也即这是一种对行为人认知内容的规范化。第二种角度则以行为人的实际认知为事实根据与前提,在此基础上,行为人认知的风险是不是一个能够支撑故意犯处罚理性的重要风险,则应根据规范标准进行判断,至于行为人本人如何看待这一风险、是否在认识到风险的同时又真挚信赖结果不会发生,则在所不问。两种角度的差异导致"规范化"的着力点不同。

第二,意志因素的规范化。故意的意志因素只能通过论断得出,且"意志因素的规范化"下存在不同论断标准。主张对故意意志因素进行规范化的学者认为,故意的意志因素不是一种有待查明的心理事实,而是被论断后的结论。至于论断的标准,或者说据以论断的事实前提,则取决于论者对故意概念的实质把握。也有学者基于"故意是对可能的法益损害的决定"得出了另一种"意志因素的规范化"的方案,即认为,若行为人在认识到结果可能发生的情况下仍决意实施该行为,便可论断出行为人作出了"可能的法益损害的决定"。

第三,以负责原则为基础的"故意规范化"。上述两个维度分别从认识和意志层面对故意进行规范化的同时,仍旧遵循传统学说的要求,承认行为人认识是成立故意的必要条件。由此,若行为人对构成要件缺乏认识,则无论其欠缺认识的原因是什么,都应排除其故意。与之相对,"故意规范化"的第三个维度则是一种最为彻底的"故意规范化"。根据这种观点,对事实的无认识并不能当然排除故意,仍有必要进一步考察造成这种无认识的原因。如果对于事实的无认识源于一种极端的、具有高度可谴责性的法冷漠、法敌对态度,那么这样一种由于漠不关心所导致的事实盲目就不能产生排除故意的效果。在实务中,特别值得关注的一种走向是,与前述其他"故意规范化"理论主要将关注点集中于杀人、伤害等传统自然犯不同,以负责原则为基础的"故意规范化"理论已经开始将其触须延伸至法定犯、行政犯中。实践中的这种新走向固然与法定犯中构成要件错误与违法性认识错误难以区分密切相关,但与近年来颇为流行的"故意理论"——认为违法性认识是故意的组成部分——恰恰相反。在实践操作层面,以负责原则为基础的"故意规范化"理论试图将构成要件错误都按照违法性认识错误的规则来处理,也即审查的重心在于这种错误是否具有可避免性,或者说发生错误的原因是否具有高度可谴责性;反之,认为违法性认识从属于故意的"故意理论"则认为违法性认识错误不问理由,均具有排除故意的效果。由此可见,这两种理论都以"构成要件错误与违法性认识错误难以区分，也不必区分"为出发点，但最终却得出了相反的结论，根本原因仍在于对故意的本质及其"规范化"内涵的理解不同。

梳理完理论与实践中三个不同维度的"故意规范化"主张后，应当讨论如何划定"故意规范化"的界限的问题。因此，我以从正面证成"故意规范化"为起点，实现对故意概念的"规范化"重构。

故意是行为规范的组成部分，刑法的任务是法益保护。关于故意的规范论基础，首先，故意附属于行为，是行为的组成部分，在行为时点便已经且必须存在。这是责任主义与"行为和意思同时存在"原则的基本要求。因此，故意从属于事前的行为规范。

其次，故意行为规范与过失行为规范是不同的行为规范，"不得杀人"与"应当对他人生命保持注意"具有不同的规范意涵，违反前者成立故意杀人行为，违反后者则仅可能成立过失致人死亡行为。具体而言，对于故意（作为）行为人来说，行为规范对他的要求仅仅是放弃这个行为，而对于过失行为人而言，行为规范则要求他始终对他人的生命安全保持必要的谨慎。相比于能够直接提供反对动机的故意行为规范，过失的谨慎义务则"并不像什么该做、什么不该做那样可以清晰地被推断出来"。因此，故意是行为规范违反的组成部分。

最后，行为规范对人的引导作用只能通过作用于人的意志的方式发生，故意便是这种意志的载体。仅在行为人具备行为故意的情况下，才能完整地说明行为规范对于意志的引导作用已经失效。在这一点上，正如目的行为论所理解的那样，故意犯的行为规范违反应当存在于对意志的操控之中，如此一来，行为规范的功能条件便可得到满足。

在明确了故意是行为规范的组成部分的基础上，接下来需要探讨的是"故意规范化"的内涵。由于这里关注的重点是故意与过失的区分问题，因此，讨论的对象便转化为故意行为规范与过失行为规范的区别，或者更确切地说：为何故意犯的处罚普遍重于与之相对应的过失犯？

我认为，过失犯的不法与罪责含量相较于故意犯来说均来得更低，原因在于过失行为人并非有意识地对抗法秩序的要求，他缺乏一个指向构成要件结果实现的犯罪目的。简言之，故意犯相较于过失犯处罚较重的原因在于，故意行为人清楚明了地了解其所违反的行为规范的正当化根据——其行为具有法益损害可能性，但仍旧决意违反行为规范，这体现出一种相对于过失犯而言更高程度的对法规范的背离。这样一种阐释与前述各种观点能够充分兼容，并且与通常所说的"故意是对可能的法益损害的决定"亦不冲突。

承上，当我们说故意犯的处罚根据在于行为人在具备某种风险意识的情况下未放弃行为时，由此体现出他对法秩序要求的有意识的背离，或者说由此他便作出了一个"对可能的法益损害的决定"，以法秩序的评价为标准，可以将现实生活中的风险由轻到重分为三类：法秩序放弃干预的容许风险、法秩序有限度干预的过失风险、法秩序全面干预的故意风险。故意风险对应于故意行为规范。故意风险是一种不容许风险，同时也是一种着手风险。从故意犯的规范论基础出发，对照故意行为规范与过失行为规范、既遂行为规范与未遂行为规范之间的联结点，不难推导出如下结论：故意风险必须同时是一种过失风险和着手风险。在风险的内容方面，故意风险必须满足过失风险的要求，即必须是一种法所不容许的风险。在风险与结果的关联性方面，故意风险必须具备着手风险的要素，即应当是一种紧迫、直接、现实的导致构成要件实现的风险。

在明晰了"故意规范化"的内涵之后，我们便可以重新审视上文探讨的几种"故意规范化"的具体主张，以此把握"故意规范化"的限度。对当前理论上各种"故意规范化"进路的回应，进一步反映出"故意规范化"的界限所在：

第一，减轻证明困难不是"故意规范化"的正当理由，因此，不得以客观第三人的风险认知取代行为人的风险认知。

第二，风险的重要性应当根据规范标准进行判断，行为人创设的风险是否达到了故意风险的程度，不取决于行为人的主观看法。

第三，意志因素不是独立的故意构成要素，对于故意的认定不具有独立价值。无论是间接故意与有认识过失，还是具体危险犯与实害犯未遂，都不必通过意志要素予以区分。

第四，行为人对构成要件实现风险的认识，是成立故意的必要条件。以"造成无认识的原因是行为人高度的法敌对性"为由否认故意认识因素的必要性，违反了罪刑法定原则与故意犯的处罚根据，是一种行为人刑法的体现。

谢谢大家，今天我的汇报到此，希望得到各位学者、老师的批评、指正！

二、评议

主持人：谭　鹏

非常感谢陈尔彦的发言，我和魏东教授作了一个分工，我来负责前半部分，魏东教授主持后半场。下面开始评议阶段，首先有请中国社会科学院法学研究所副研究员张志钢老师发言。

评议人：张志钢

各国刑法中故意犯与过失犯法定刑悬殊，甚至涉及罪与非罪的截然区分，与行为人的利害关系甚巨。这使得故意内涵，尤其是间接故意与有认识过失的区分，成为老而常新的实践难题。故意认定的规范化问题大多也在这一语境下展开。与中国一样，德国关于间接故意与有认识过失的区分就是由"艾滋病案""皮带案""飙车案"等临界案件推动的。

尔彦的报告具有丰富性和启示性，自目的理性的维度，通过引入法秩序评价内容覆盖甚至超脱于故意中的心理事实要素。这一"意义创制"过程，即是"故意规范化"的概念重塑过程。德国目前文献中的"故意规范化"的三种进路：认识要素的规范化、意志要素的规范化、以负责原则为基础的"故意规范化"，在一定程度上已超脱了因意志要素的规范化而产生的意志要素要不要的问题，已经进入认识要素规范化后带来的认识要素要不要的问题。就此而言，认识要素的规范化、意志要素的规范化、以负责原则为基础的"故意规范化",越来越背离行为人行为时的所思、所想和主观心理事实,"意义创制"空间也越来越大。

尔彦主张:故意是行为人认识到行为具有实现构成要件的风险,且这种风险达到了故意风险的程度,却仍决意实施行为。具体而言,在认知内容上,尔彦坚持行为人视角的认知,反对"完全以客观第三人的认知架空行为人的实际认知",但如何评价认识内容则取决于现行法秩序。"对风险的评价标准只能来源于法秩序导出的规范目的本身,而与行为人自身的非理性看法无关。"若行为人"明知自己的行为会发生危害社会的结果"却仍旧实施了该行为,就可以论断出,他至少放任了结果的发生,也即满足了希望或放任的最低条件。

从概念要素看,报告不承认意志要素的独立性,属于认识要素的规范化或规范化的认识论,非常接近普珀(Puppe)、弗里施(Frisch)和弗里因德(Freund)师徒以及黄荣坚等学者的观点。从概念建构的方法论看,报告对"故意规范化"三个维度的梳理和故意概念的重塑都是以目的理性为导向的。可以说,报告是目的理性刑法体系在主观构成要件上的一次尝试。报告洋洋洒洒5万字,触角广泛。限于时间和个人研究兴趣,我主要提一些疑惑以供思考。

首先,关于结果不属于故意的认识内容。尔彦从行为规范与制裁规范的二元规范论出发,认为属于制裁规范的结果不是认识对象,行为人在行为时所能认识的只是"发生结果的风险"。这符合规范论未来取向的法益保护,也是报告中故意风险概念的由来，但这在逻辑上可能不符合客观构成要件的故意规制机能。基于该机能，行为人必须认识到所有的构成要件要素对应的事实。在结果犯中，作为构成要件要素的结果当然是故意的认知对象。同时，如果将这种观点贯彻到底，潜在预设会截然区分构成要件行为与构成要件结果，且结果发生与否只是偶然事件。这与行为无价值一元论具有高度亲缘关系。

其次，用故意风险定义故意。换种说法，从法秩序评价的角度看，属于行为人认识到的事实制造了不受容许的风险。但是，按照客观归属理论，制造风险属于客观构成要件的实质内容（同样，着手的认定属于客观要件的判断或至少混合有客观要素），如此，故意的认定已经混杂着客观要素。尽管报告有意区分规范化与客观化，但距离赫茨贝格（Herzberg）认为故意属于客观要件的观点可能只是一步之遥。如果说结果归属理论在特殊认知上被质疑有混淆主客观要件之嫌，那么报告则是反其道而行之——主观要件反向吞噬客观要素。从概念定义看，以故意风险来定义故意，有循环论证之嫌：认定故意之前，已然存在被法秩序区分了的剩余风险、过失风险和故意风险。

关于危险故意与实害故意。报告排除结果作为故意的认识内容，从而将未遂故意等同于既遂故意。虽然这在结论上符合通说，但通说是以故意既遂犯为原型，而不是以故意未遂犯为起点。当然考察起点不同不会引起个案适用分歧。未遂作为处罚扩张事由，与既遂在分则中具有同一具体构成要件，二者违反的也是同一行为规范。但危险故意与实害故意并不相同，分则中危险犯和实害犯的构成要件不同，比如，虐待罪与故意杀人罪。行为人认识到风险且去冒险,但不希望结果发生的情形,在现实生活中确实存在。立法中设置具体危险犯的一个重要原因就是,相对于实害故意、实害未遂故意,危险故意的要素少且容易证明。危险犯和实害犯的构成要件不同,危险犯的客观要件要求少于实害犯的客观要件要求,决定了危险故意的要求低于实害故意、实害未遂故意的。如果否认二者的区别,可能不符合危险犯与实害犯分立的立法现状。虐待罪与故意杀人罪可从客观要件进行区分的举例,恰恰说明应区分危险故意与实害故意,二者客观要件要素不同,故意内容也应进行区分。

最后,关于与现行立法的协调。《德国刑法》没有"故意"规定,"故意规范化"的讨论空间大,逻辑上自洽、结论上合理即可。在中国刑法语境下则需要与中国《刑法》第14条的规定协调,"明知"与"希望或放任"是联言命题,将"希望或放任"等要素降格,也无法令人信服。

此外,司法解释中"明知"即为"知道或应当知道",应当知道的内容已经超出了行为人本人的认知而走向理性人标准了。

主持人:谭 鹏

感谢张志钢副研究员的发言,下面请复旦大学的喻浩东老师发表评议。

评议人:喻浩东

大家好,我是复旦大学法学院的喻浩东。非常感谢车浩老师、付玉明老师的邀请,也非常感谢西北政法大学给予这样一个宝贵的学习机会，使我有幸能够在此向各位师友请教，并就博士生陈尔彦的报告发表一点个人感言。

首先，对于陈尔彦报告的总体主张，我深表赞同。

第一，将故意理解为行为人心理事实的做法根源于刑法学中的自然主义思维。但是，刑法教义学是一门规范科学，故意在本质上为评价主体作出的（应然的）价值判断，所以同样的用语在刑法教义学的语境下总是一开始就带有功能性、目的性或规范性色彩。类似的还有因果关系概念，其在刑法教义学的语境中因一开始就受到归责目的的引导，而不可能只是一种事实判断。

第二，能否以客观第三人的认知取代行为人的认知？在实体法上要否定这样的做法。一是，这不符合我国《刑法》对于犯罪故意的界定，即明知"自己"的行为会发生危害社会的结果；二是，以客观第三人的认知取代行为人的认知，恰恰混淆了过失犯和故意犯的归责模式；三是，即便对于过失犯而言，也无法完全以第三人的认知来取代行为人的认知，尤其是在特别认知的场合，行为人拥有高出一般人的对重要事实的认知时，其在避免结果发生的能力方面就高于一般人，法规范因此会对其提出更高的期待。

第三，能否以行为人对于法忠诚的偏离程度来界定行为人的故意？类似的做法首先出现在罪责领域。但是，究竟是不法和责任决定了预防必要性，还是相反，由预防必要性决定责任呢？对此，我认为应当坚持前者。在故意问题上也是如此，当行为人不具有实际认知时，为什么行为人负有认知相关事实情状的义务，对该义务的违反引发的不是以过失犯而是以故意犯来处罚，或许难以证成该义务的正当来源。

其次，对于报告的具体观点，我也提出一些不成熟的商榷意见。

第一，究竟是故意行为规范与过失行为规范具有本质差异，还是故意犯和过失犯的归责机制存在归责标准的差异？"不得杀人"与"应当对他人生命保持注意"这两个规范具有同质性，即从行为后果的视角来看，不得违反旨在保护特定法益的行为规范应该是相同的，不同的是归责的标准：①究竟是以行为人归责机制存在差异，还是以行为人应当认知到可能侵害他人生命（也即违反了注意义务）为由以过失犯来处罚？②法秩序所容忍的风险是否存在大小？③故意风险能否被认为在量上大于过失风险？实际上，无论是以认知到可能侵害他人生命为由，以故意犯来处罚，还是以行为人应当认知到可能侵害他人生命（也即违反了注意义务）为由，以过失犯来处罚：违反了"应当对他人生命保持注意"这个行为规范，至少会涉及以过失犯来处罚，当然也可能涉及以故意犯来处罚。故意犯和过失犯处罚上的差异是根据犯罪行为对规范违反的程度不同而出现的，其中行为人的主观意志起到关键的作用。

第二，故意犯应当认知到何种程度的风险？陈尔彦认为，法秩序中应当区分三类风险，即容许风险、过失风险和故意风险。其中，容许风险是法秩序不予干预的——这种观点或许是对容许风险概念的误解。其一，陈尔彦提到，依交通规则上路开车，制造的是容许风险，这恰恰表明这种风险被容许是基于法秩序对相关风险予以分配的结论，而不是"不加干预"。其二，容许风险绝不能简单地被理解为日常生活风险,而且任何日常生活风险都难说没有涉及法规范的调整,例如,开五金店的老板是否可以出售刀具给他人,这要视具体情形而定,不能一刀切地认为他任何出售刀具的行为都是合法甚至不受法规范调整的。其三,容许风险无所谓大小的问题,因为其本身只是一个问题的结论而已,也即为法秩序所容忍的风险,超速驾驶的风险未必就大于一个被容许的风险,比如,在没什么人的道路上超速驾驶,远比毫无避免可能地撞上一个横穿马路的行人的风险(损害发生的可能性)要小得多;过失犯中被容许的风险的确定并不单纯地只是根据所谓注意规范来看,当不存在较为明确的成文注意规范时,应当具体地确定注意义务成立的范围。其四,故意风险能否被认为在量上大于过失风险?普珀的故意危险理论遭遇的最大问题就在于,她试图将故意的认定问题转化为客观归责的问题而加以解决,这固然可以使故意的认定实现一定程度上的规范化,可是,如何衡量所谓故意危险和过失危险之间的量差,是否真的存在衡量风险大小的标尺?行为违反了注意规范不等于就创设了不被法容许的风险,不被容许的风险应当跨出抽象危险的范畴,而具有足以导致结果发生的能力。而且,行为人有意识地违背法规范的要求,本身就已经足以建构一个不被容许的风险了,例如,行为人利用一个表面上符合注意义务要求的行为来实施其不法意图的,仍然会被认定构成故意犯罪,比如,德国联邦最高法院判决的"碰瓷案"。

第三,陈尔彦一边认同故意犯的处罚根据在于其相较于过失犯而言具有一个指向构成要件实现的犯罪目的,并据此实施了规范视角下的反社会举止，一边却又在着手认定上采取了客观危险说，可能存在自相矛盾之处。倘若重视将行为人对法秩序的敌视意志作为故意犯处罚的核心根据，那么对于行为人何时构成着手这一问题的回答，就只能采取主观危险理论，也就是行为人何时开始对——事实上或者仅仅是假想的——紧迫的法益侵害形成了想象，而这种想象就清楚地表达出行为人对抗法秩序的坚定性和终局性。

最后，对于报告中尚未论及的问题，我觉得有必要进一步加以研究。

第一，报告中所指的"故意"基本上仅指构成要件故意，并不涉及违法性认识可能性的问题。不过值得追问的是，规范化的故意概念能否脱离行为人对行为的刑事违法性的认知而构成？答案可能是否定的。①只要赞同行为无价值论及人的不法理论，那就应当意识到，故意不法的成立与否取决于行为人是否在具备违法性认识的基础上仍然决定继续实施行为。②行为人是否具有违法性认识，也是行为风险"容许与否"的判断要素。行为人有意识地否定行为规范才是法益面临的直接危险。③在着手起点的判断上，行为人对于构成要件实现本身的认识并不足以奠定主观不法，行为人对构成要件实现的违法性认识才体现了其犯罪决意的坚定性和终局性。基于我国《刑法》第14条的规定，可以考虑让违法性认识在意志因素的层面发挥其不法归责的功能。简言之，希望或者放任危害社会的结果的发生，应被理解为，行为人在具备违法性认识或者违法性认识可能性的情况下继续实施行为。

第二，随着法定犯时代的到来，罪刑规范的逻辑基点已经日益从结果转向行为。在行为本位主义的刑法体系中，或许只有与行为相关且直接影响行为违法性的因素才属于故意的认识内容。那么，对于犯罪故意的认定而言，是否一定要求行为人对构成要件结果具有认识或预见呢？在一些案件中，行为人对于自己违反某些行政法规范的后果很难说有预见的可能性。例如，行为人销售了不符合卫生标准的食品，这些食品客观上足以造成严重食物中毒事故或者其他严重食源性疾病，但行为人本人难有认识到这种危害性的知识和能力，他也不希望或者放任这样的结果发生。在另一些案件中，行为人可能对结果的发生持坚决的反对态度，或者根本没有预见到结果会发生。比如，担任某镇党政领导的被告人，为扶持该镇企业的发展，以镇政府的名义将500万元国家支农基金借给了企业，后因该企业经营不善致350余万元本息无法被偿还。对此，如果仍要以滥用职权罪追究行为人的刑事责任，但又认为故意必须包含对该结果的认识，那么只能承认该罪也可以由过失构成。由此看来，故意的认定模式或许在法定犯时代有必要作出调整。

以上就是我学习博士生陈尔彦报告的心得体会，请各位老师、同学批评指正，谢谢！

主持人：谭　鹏

感谢喻浩东老师的精彩评议，接下来的评议人是中国政法大学法律硕士学院副教授徐然。

评议人：徐　然
（姚培培博士代读评议稿）

博士生陈尔彦所作的报告《论故意认定的规范化及其限度》始于对传统主流观点将故意作为一种纯粹心理事实加以建构和适用时所存在的困惑与弊端的聚焦，开门见山地将报告中的核心问题意识抛出，在明确问题的同时，提出了"'故意规范化'可行与否、如何规范、限度几何"的好问题。

就理论建构而言，针对行为人在行为决定时伴随的形形色色的心理现象，刑法理论力图通过故意和过失这两种心理类型，涵摄这些心理现象并为其标定可罚性或责任的高低。基于明确性和责任主义原则，势必需要确定故意和过失的规范边界，处于这一模糊地带的便是未必的故意和有认识的过失，而理论的长期聚讼则围绕着关于行为危险认识可能的高低和对结果实现的容认意志的有无而展开。然而，不仅关于意志的独立价值备受争议，存在着意志必要说和不要说的对垒，而且还存在在故意、过失之间加入轻率类型，为这一模糊地带确定一种中等程度责任形态的主张。由此，如何正面证成故意的内涵，并为其与过失划定明确可靠的边界，便成为故意论领域的元问题。

就司法适用而言，由于传统理论将故意作为一种心理事实加以对待，这种描述性和经验性的定义，不能为裁判者提供约束性和确定性的指引，且因心理事实区别于行为事实的主观性特点，实务认定可能陷于个体化、直觉化的判断黑箱。即便存在理论和实务协同的类型化努力，也会因归纳逻辑的有限性、各类因子权重难以赋值而出现同案异判的困境。由此，如何为故意确定一般性和规范性的定义，实现对司法适用的有效指引，便成为检验故意定义妥当与否的实践课题。

尔彦的报告的主要理论价值在于：一是系统规范性思考的路径，即以行为规范为载体，导入刑罚目的正当性的考量，继而在行为规范的视域中为故意犯和过失犯的可罚性高低差异提供规范性根据，将前者理解为"反社会态度"，自然重于后者的"反社会举止"，在对故意和过失有关认识高低和意志有无的事实判断中植入了关于背离法规范的行为决定与否的价值判断。这种系统规范性思考的路径，摆脱了长期就故意谈故意的论争，将该论争核心的意志必要与否的问题次级化，并呈现出这一问题所牵涉议题的全面性和复杂性。

二是风险分级化理解的立场，即以风险级别为类型，将传统理论对风险认识的"可能性"有无、"概然性"高低等事实面向的探索，转化为对风险认识的规范评价等级的对应。为了更为准确地把握前述背离规范的行为决定之内涵，报告提出了法秩序之中逐渐升高的三种风险——日常性风险、有限度干预风险、全面干预风险，并对应的标定为容许风险、过失风险、故意风险，借由这种客观化的风险级别，不仅为后文定位规范化的认识论、摆脱意志论的纠缠创设前提，而且将因人而异的风险认识转化为规范明确的风险类型，有利于实现对实务判断的理论约束。

三是与实行着手相融合的方案，即以故意风险为中心，在强调其首先至少必须是一种不被容许风险的同时，引入了未遂犯论中的着手概念来提升故意犯风险强度，进而在可罚性程度上与过失犯形成差序格局。依托于实定法上的概念,将紧迫、直接、现实的危险之规范判断填充进已剔除事实性判断内涵的故意之中,无疑完成了对故意规范化论证的最后一块拼图。

最后,我提出一些可能的反思疑问:一是,故意的规范化是否会导致罪责概念的空洞化?报告在对中文语境中"规范"的具体指向作类型化精准分析后,主张在对应于"存在""事实"意义上使用"规范"一词,并强调这种规范化与"罪责规范化"内涵的相通性,"指的就是刑罚的正当性及其目标"。正是因为规范责任论对心理责任论的取代,主观归责从行为人的心理状态跃迁至行为人心理状态的可谴责性,事实性的心理状态作为主观构成要件要素前置入不法阶层。因此,基于法秩序评价的立场,运用"故意风险"概念对故意作法敌对意志的"反社会态度"之评价,与罪责故意的讨论是否殊途同归?类似假想防卫的行为,是否在构成要件中否定其"反社会态度"?如此,是否会产生叠床架屋、构成要件肥大之感?

二是,故意风险的规范论证与代表性学说有无差异化?文章主旨在于为故意的规范化填充必要的刑罚目的和价值意蕴,在避免纯粹事实性描述的同时,节制过度规范性评价的倾向。然而,囿于篇幅和论证重心,报告未能将其重构的故意风险与现有代表性学说加以横向比较,以突出本论的独特性和价值性。例如,"着手危险"与罗克辛(Roxin)所言的"可能的法益损害的决定"这种意志规范化观点的差别在哪?又如,同为认识规范化阵营的弗里施所主张的"风险认知理论",其强调的间接故意系"风险认知+行为决定"的公式,与报告主张的"过失风险+着手风险"有哪些损益变化？再如，赫茨贝格所主张的"认真对待理论"中亦将客观危险分为遥远危险、可避免危险、未受防护危险三类，报告是否系对该理论进行进一步规范化和合理化的论证？

三是，意志必要性的证成与否问题是否应当被边缘化？报告将意志必要性问题次级化，进而在对行为规范的理解中证成故意内涵，但这并不意味意志问题的边缘化，其独立价值似乎不应以"意志本身是一种评价后的结论，而非一个待发现的事实"为由加以简单否定。一方面，将着手危险纳入故意危险，并未因此真正摆脱意志的纠缠，因为意志往往是行为决定时对结果的态度，而着手也难以舍弃对结果危险态度的讨论。另一方面，意志对故意构造具有类型化功能，如目的性故意、确定性故意与未必的故意，在目的性故意中往往意志在先、认识在后，而未必的故意则是认识因素影响和强化了意志因素。此外，从立法动向上看，诸如危险驾驶罪，妨害安全驾驶罪，强令、组织他人违章冒险作业罪，危险作业罪，高空抛物罪的增设或修改，则更多基于对行为意志的肯定和对结果意志的否认。在传统过失实害犯与故意危险犯的分类中嵌入了一种"举止故意、结果过失"的具体危险犯形态，因而可能较难完全舍弃意志概念而遽以认识因素论之。

主持人：魏 东

感谢姚培培博士代表徐然副教授发言，接下来有请浙江大学光华法学院的李世阳副教授发言。

评议人：李世阳

博士生陈尔彦的大作《论故意认定的规范化及其限度》达到了5万字的规模，在这一体量之下，尔彦首先论证故意概念必须被规范化，不能停留于心理事实层面的理解，在此基础上，提供了故意概念规范化认定的三个维度，并选择了故意风险理论作为论文的核心观点，最后回应了"故意规范化"进路可能面临的质疑。全文问题意识明确、资料翔实、内容丰富、观点鲜明、思路清晰，给人耳目一新的感觉。我也是故意概念规范化的支持者，更是行为规范与制裁规范的二元对置这一规范论结构的支持者。因此，尔彦这篇论文的核心观点，我也是赞成的。以下几点是我的读后感：

第一，故意被视为一种主观因素，但故意认定的客观化不可避免，因为我们只能以行为人客观外化的行为事实去推测行为人的心理状态。在这个意义上，可以将故意比喻为眼睛，其功能是将看到的景象传送到大脑，从而为行动决意提供判断资料，但眼睛是看不见自己的，因此故意只是一个媒介工具，借用该工具可以实现以下两个功能：一是为自己行动计划的制定提供可靠的判断资料；二是为他人的行动预期提供可视化的沟通渠道。正因为如此，故意在规范论上才属于行为规范的范畴，应立足于行为当时，从平行的社会一般人的视角出发，结合行为人的特殊认知情况，去判断故意的有无。

第二，"故意规范化"整体上是围绕"为什么对故意犯的处罚一般重于过失犯"这一问题展开的，而这一问题其实隐藏着以下两个子问题：一是故意与过失的区分；二是故意的重罚根据。因此，"故意规范化"进路必须能够统一回答这两个子问题。陈尔彦最终给出的故意认定方案是：当行为人认识到自己的行为可能导致构成要件的实现，且这种可能性达到了故意风险的程度，但行为人依旧实施了该行为，此时，行为人就具备故意。这一观点很容易遭到的批判是以故意风险去定义故意，陷入循环论证的怪圈中。为了摆脱这一怪圈，必须对"故意风险"作进一步解释，对此，陈尔彦给出的解释方案是：故意风险必须同时是一种过失风险和着手风险。于是，接下来的问题又变成过失风险和着手风险具体指的是什么，这就很容易陷入以下一个问题回答上一个问题的无限追问之中。此外，过失风险与着手风险之间的关系也需要处理，两者到底是一种叠加关系，还是位阶关系，为什么着手风险能够承担将过失变为故意的性质转变。层出不穷的问题将会产生。要终止这种无限的追问，必须构建起一个理论模型，并在这一理论模型之下，结合中国的司法实践将规则操作化。比较遗憾的是，这篇论文在亮出"故意危险说"的观点之后，没有进一步结合中国的司法实践来将该观点操作化，提炼出具有解释力的教义学规则，而这部分的内容应该说是读者最想看到的，也是作者最能展现理论原创力的地方。

第三，从归属论的视角来看，故意与过失的区分应统合在罪刑均衡这一整体要求之内。无论是故意还是过失，都不仅仅是一种心理事实，而且还是一个需要被规范性评价的实体概念，而为这种评价提供基础的事实其实是一样的，即都是实行行为、结果、因果关系等客观的构成要件要素，所不同的是对这种基础事实的认识程度。对于过失犯而言，只要对结果的发生具备抽象程度的预见可能性，即对法益具有抽象意义上的危险程度，就足以发动结果回避义务，如果行为人懈怠了该义务，则应当承担作为过失犯的责任；与之相对，如果行为人对于结果的发生具有具体程度的预见可能性，即结果的发生具有盖然性，这种盖然性表现为从社会一般人的视角出发，并结合行为人自身的特殊认识能力，足以认为由行为人实施的行为具有导致结果发生的通常危险性，此时，即可认定行为人是有意地发动该行为，当这种法益侵害的高度盖然性最后在构成要件结果中实现时，即可将这种结果归属于行为时的故意，从而追究行为人作为故意既遂犯的责任。因此，并没有必要固执于故意与过失的绝对区分，事实上也不可能划定一条泾渭分明的界限。

第四，论文在结构上也许可以进一步优化，尤其是第五部分的"故意规范化的限度"，其实是对第三部分"故意规范化的既有理论尝试"的补充，因此可以把第五部分的内容融入第三部分当中，形成对既有理论的批判性考察，然后压缩这部分的内容，以免给人造成资料堆积的感觉。而论文的第四部分"故意概念的规范化重构"才是论文的核心，这部分内容可适当扩充，进一步增强理论论证，同时结合中国的司法实践，将观点本土化和操作化。

主持人：魏　东

听了尔彦的报告和各位评议人的评议，我学到了很多。现在把时间留给接下来的评议人，有请西北政法大学的汪鹏副教授发言。

评议人：汪　鹏

《论故意认定的规范化及其限度》这篇报告从故意的事实性概念导致实务中故意认定的恣意性出发，从规范化的层面对故意的内涵进行了重构，可谓既有实践关切，又有理论创新。本人对于报告的整体结构和最终得出的结论基本持赞同的态度，但在一些细节问题上存在不同看法和疑问。接下来本人将就该报告发表以下几点个人看法。

第一，报告提出，事实性的故意概念导致了司法实践中故意认定的"黑箱化"。对此，本人表示赞同。所谓"黑箱"，是指一个人们无法充分研究清楚的封闭系统，我们只能在不直接影响原有客体黑箱内部结构、要素和机制的前提下，通过观察输入与输出的变量来对其进行考察，发现、总结其中可能存在的规律。与此相对应，学界通说与司法实践均将故意看作纯粹的事实性的理解，这使得在个案中对行为人究竟有无故意的判断，完全取决于司法人员在整体考察全案事实的基础上，依据经验法则而形成的自由心证，而事实证据的把握与自由心证的形成，在裁判文书中难以被体现出来，对此，不仅一般的社会公众，就连专门从事刑法研究的学者也无法了解。因此，报告为了说明外部人员无法窥探法官思维中对于个案中证据的取舍和解读的现象而使用这一隐喻是比较恰当的。然而，报告在提出"故意规范化"概念以及具体限度之后，便没有再对此进行呼应，换言之，报告所提出的故意概念是如何解决"黑箱化"难题的，尤其是在提出应由法官负责对行为人认识到的风险进行评价之后，报告人并未将之与之前的法官对事实性故意的认定作进一步的对比阐述。

第二，报告中提出，故意犯均与过失犯一样以某种义务违反性为前提条件，该观点值得商榷。原因在于，《刑法》条文中所规定的"违法""非法"或者"违反国家规定"，从具体法规的层面来看，基本指的是刑法以外的法律法规，事实上主要是指民法法规、行政法规。而纵观《刑法》条文的规定，并非所有的故意犯都以违反这些法规为前提，因此此处直接由部分及全部地得出肯定的结论，在论证逻辑层面似乎并不妥当。另外，此处还存在一个疑问，即在构成要件阶层进行客观归责的审查时，客观归责的审查中就包括了创设法所不容许的风险、实现法所不容许的风险以及在构成要件的保护范围之内三个步骤，而根据报告的观点，故意的认定也需要对是否"创设了法所不允许的风险"进行审查，如果这两处的"创设了法所不容许的风险"的内涵相同，那么客观归责中的第一个审查步骤，与故意认定过程中"不容许的风险（过失风险）"的审查步骤之间是否存在重复评价的问题，若二者可并存，那么又要如何安排二者在犯罪论体系中的位置呢？

第三，报告所提出的"过失风险+着手风险"方案中的"着手风险"的判断标准在现实操作性层面存在疑问。虽然在理论层面，"概念缺乏精确性"在多数情况下无法构成有力的批判，但放到司法实践中，可能就成为致命的打击。毕竟，报告之所以提出从事实性的故意概念向规范化的故意概念转变，也是因为原本事实性的概念在实践中难言"精确性"，导致法官自由裁量的范围过大，出现"黑箱化"现象。因此，在谈及"着手风险"的判断问题时也是如此,既然理论上对于"着手"的标准仍然存在激烈的争议,实务中也未有统一的做法,那么实务机关对此就只能自由地裁量,最终还是可能导致在故意认定上权力恣意的结局。报告本是基于通过故意概念的规范化来防止过于宽泛的自由裁量而提出方案,如果最终只是改变了自由裁量权行使的范围,导致的结果就是解决了一个问题,但又因此产生了一个新的问题,那么这一方案的合理性便值得怀疑。毕竟,一个复杂精细的理论方案可能在逻辑推理上并无问题,但想要将它具体应用到实践中时却会因受到各种因素的影响而难以成行,即使能够应用,也会给司法机关造成严重的负担,因此司法机关往往会选择简单、容易操作的方案。

第四,本人认为,将"故意规范化"的正当理由放在"故意规范化"的界限当中进行讨论的做法值得商榷。因为,"故意规范化"的正当理由是支撑报告展开证立规范化的故意概念的基石,应当在"故意规范化"的界限确定之前就对其进行探讨和明确。虽然本人对报告此处的结构持有不同的看法,但不代表本人不赞同其中具体的论点。事实上,实务中的证明困难很大程度上要追溯于故意的事实性概念的缺陷,而为了减轻证明困难,学界才开始探索认识因素的规范化路径。由此可见,"减轻证明困难"是故意认识因素规范化的目的及推动因素,而非说明其规范化正当性的依据。因此,本人亦赞同报告中提出的"减轻证明困难并非'故意规范化'的正当化理由"这一观点。然而,从规范化路径对"证明困难"的影响这一角度出发,如果报告所提出的故意概念因规范化而导致过于复杂,不仅不能减轻实务中的证明困难,反而会增加实务中的证明难度,这是否会对"故意规范化"的正当性产生影响?并且,此处还有一个疑问在于,"故意规范化"的正当理由具体包括哪些,报告并未给出系统、明确的解答。

以上四点便是本人对报告的一些看法和疑问,谢谢大家!

主持人:魏　东

感谢汪鹏副教授的精彩发言,接下来有请最后一位评议人北京大学的博士后曾军翰发表评议。

评议人:曾军翰

非常感谢主办方对本届论坛的精心组织,非常感谢白岫云老师、谭鹏专委与魏东教授的主持,非常感谢陈尔彦的精彩报告,同时也非常感谢前面几位评议人各具特色的评议。很荣幸我今天能够在这里对陈尔彦的报告进行评议。报告人对事实性故意概念缺陷的阐述与对"故意规范化"的提倡令人信服,澄清了"故意规范化"的基本内涵和限度,所提出的规范化方案也使人耳目一新。在主报告的基础上,我想从"故意规范化"的方法论基础的视角进行补充性讨论。

在澄清"故意规范化"的基本内涵时,报告人指出在刑法语境下的一些场合,"规范"与"存在"相对,前者要求根据刑法和刑罚的目的、功能发展相应的刑法范畴,后者要求根据预先给定的事物存在构造确定相应的刑法范畴。由于对犯罪事实的认定本身就是一种评价活动,法作为这种评价活动的根据,并不仅仅是对现实世界的描述，而且还是对现实世界的规制，因此，报告人基于目的理性的维度倡导根据故意概念在刑法体系中的功能和故意刑罚的制裁理性来把握故意的内涵。

值得注意的是，如果在规范化的方向上往前走一步，使刑法范畴完全来自某种规范体系，而不是客观存在的现实，这样一个规范世界的产物还能否作用于生活在现实世界中的芸芸众生？这个问题涉及"故意规范化"的方法论基础，与新康德主义的规范论密切相关。在刑法领域，新康德主义兴起于实证主义占据主导地位的时期。受自然科学影响，实证主义拒绝一切可能是形而上学的内容，只关注人类观察范围内可计算和测量的内容，不具有规范论的色彩。新康德主义旨在克服实证主义的缺陷，在向下探索作为经验现实基础的先验根据之外仍向上探索包含意义与价值的非现实领域。根据新康德主义的观点，直接给定的客观现实是混乱的事件，只有通过转化和改造才能获得秩序和理性。换言之，科学概念（价值世界）不是本体论认识构造的再现，而是主体对客观现实进行加工的产物。由人塑造的带有规范和价值色彩的法律世界与原本混乱的现实世界相互分离。在这种情况下，法律世界无法影响现实世界，法学必然丧失其实践性。为了连通现实世界与法律世界，作为存在论代表性人物的韦尔策尔（Welzel）提出科学概念不是对价值无涉的材料的转化，而是对复杂本体存在的一部分的复制，因为本体存在本身包含秩序与价值。相应的，即便立法者没有认识到物本逻辑结构，也会不自觉地受到这种来自事物本质的结构的限制。但是，这种与规范论对立的存在论并未得到规范论者的认可。一些学者认为，虽然事物的本质可能存在于法律之前的领域，但这样确定的物本逻辑结构不能约束立法者与刑法理论。立法者并非必须调整预先存在的物本逻辑结构，而是可以根据规范性的考虑选择需要调整的内容。只有相应概念受到法律规制时，物本逻辑结构才可能发挥作用。虽然反对观点同意法律不能要求规制对象实现根据自然法则在生理上不可能实现的内容，例如，要求怀孕的妇女在三个月内生下孩子，但这种约束力只存在于有限的范围，不能借此推导出韦尔策尔所主张的普遍约束力的物本逻辑结构。

更为彻底的反对意见认为，先于法律的概念无法解决法律问题。不可能从一个概念中获得不包含在它之中的内容。如果真的能够从一个存在论的概念中得出超越这个概念的实际结论，那只是因为人们已经不知不觉地把法律内容投射到了这个概念中，然后再从这个概念出发推导出已经放入这个概念的内容。这显然是一种错误的循环论证。甚至韦尔策尔本人也没有前后一致地坚持他的存在论。例如，韦尔策尔曾经指出，所有刑法构成要件的概念，如杀人、伤害等，都不是侵害法益的因果性概念，而是社会关系概念和社会意义概念，它的意义源于它在社会整体中的功能。即便是行为概念，它也是一种"社会意义的现象"和"社会生活领域的行为"。在这里重要的不是先在的存在法则，而是带有规范特征的社会生活的意义世界。

由上可知，并没有一种具有强制力的、普遍有效的存在论。为了化解规范论的困境，以存在论完全取代规范论的路径并不可行。一种晚近的观点认为，存在论与规范论都有正确的部分，应当将二者视为目的与手段的关系。细言之，基于存在论的视角，应当将先于法律存在的生活现实视为价值概念体系；然后再基于规范论的视角，从具有价值特征的生活现实中导出法律的价值概念。在这个过程中，价值只能源于价值是目的层面的方法论，存在决定价值是手段层面的方法论，两种方法论在不同层面同时存在。这种理解既保证了概念世界的规范性特征，又维持了法律世界与现实世界的联系，具有充分的说服力，可以作为"故意规范化"的方法论基础。

三、自由讨论

主持人：陈伟强

对故意的定位，由于语言的抽象性，与我们所要求的司法规范用语之间是具有差距的。

我们对故意的定位是：明知自己的行为会发生危害社会的结果，而希望或放任。但什么是"明知"，本身就是个缺乏规范的内容。因此，尔彦围绕这个问题有其独到的见解。"明知"的范畴应当如何理解，应当是知道，还是包括应当知道，抑或包括应该知道、有意识知道，等等，会产生以上这些问题。

尔彦围绕着故意认定的问题，在规范认定方面作出这些判断，是非常难能可贵的。尔彦对于故意的概念进行了重构，即认识到了自己的行为可能会发生构成要件的风险，并且这种风险是一种故意风险，仍允许其发生。

我认为，尔彦对风险的概念提出重构的观点在方法上是非常新颖的。我有一个看法，就是当我们在探讨这个问题的时候，会不会因为一个概念的重构，而再产生另外一个问题？下面是自由讨论环节，我刚才在抛砖引玉，谈谈自由讨论阶段的看法，下面就请我们在座的各位刑法青年及各位专家发表高见。

有请邓子滨教授。

发言人：邓子滨

我本来不在与会名单里，但赶巧来了西安，便来支持本届论坛。对于尔彦的研究，我们都非常看重，学习了很多的东西，我自己也受益匪浅。我们这代人在年轻时，虽然接触的实践多一些，但是我们在30年前所接受的教育，是不如现在的青年学者的，他们具备丰厚的知识，然而我有一种担忧，就是尔彦对于故意的转型性的研究，虽然德国的许多法学先进理论为其提供资源，但是就现在故意认定的高度抽象模式而言，我们就是要从实践中去高度抽象，不可能完全对应理论，在这个抽象的过程中，也要考虑到哪一些情况是你所提出的公式所不能涵盖的，或者说是有很大区别的。比如，刚才报告中举的例子是伤害，对于伤害部位，尔彦提炼了一个认定的目录，但是有没有考虑过，其实有两种故意犯罪非常特殊。第一种是强奸罪。强奸罪极赖于是否违背妇女的意志的认定，但这个问题实际上是妇女说了算，而男性，在两个人的交流中，是否会误解女性的意思？这对是否被认定为强奸罪有很大影响。第二种是对诈骗罪中关于被害人有没有交付行为的理解，是被骗还是诈骗。因此，至少在我看来，尔彦博士刚才论证的抽象的提纲，可能在伤害罪或类似伤害罪中管用，而在部分有赖于被害人作为的犯罪类型中，依赖规范性所提炼的理论，是否也能得到很好的运用？以上是我提出的问题。

主持人：陈伟强

请尔彦就上述评议进行回应。

报告人：陈尔彦

谢谢刚才老师们特别精彩的点评，我从中受教很多，我现在结合邓老师的问题，同时也结合所有评议人和主持人的意见，先作一个总体性的回应。因为刚才涉及了很多的点，我不可能一一展开。就刚才几位老师对我的报告所作的批评，可以概括为这么几个方面：

第一是如何处理我提出的出罪理论，其与我国现行《刑法》第14条关于故意犯罪规定的关系为何。第二是涉及行为和结果之间的关系。第三是主观和客观的关系。第四是故意和过失的关系。第五是故意和罪责的关系。第六是一个大家都提到的，关于故意风险是不是循环论证的问题，以及我提出的"故意风险"等于"过失风险+着手风险"，其中的"着手风险"的概念是怎么来的，如何通过操作还原到具体案例中，以及如何认定"着手风险"，是不是显得叠床架屋，是不是在原来已经很复杂的故意认定的基础上，又提出了一个更加复杂，缺乏一致标准的新的概念，从而导致故意的判断并没有变得简单，反而变得更加复杂。好几位老师都提到了这个问题，我觉得特别重要，我受教很多。第七是关于这个宏观的方法论层面及论文写作结构的问题。那我现在就按顺序开始回应,可以吗?

主持人:陈伟强

可以,请尽量简洁,我们还有很多话题需要讨论。

报告人:陈尔彦

第一,关于故意风险,也即故意认定的方案和我国《刑法》第 14 条相协调的问题。我国《刑法》第 14 条对于故意有明文规定,即明知自己的行为会发生危害社会的结果,并且希望或者放任这种危害结果发生。按照我的方案,先不提所谓意志因素,我国《刑法》第 14 条明文规定的希望与放任结果的发生,会不会产生冲突。关于这个问题,我的观点是,我并不是说希望就是故意,故意中没有希望和放任的成分,而是说希望和放任不是一个需要单独从行为人的主观心理事实中去寻找查明判处的对象,是一个规范评价的结果,这个规范评价的标准是当行为人认识到自己的行为会产生一种风险,并且这个风险满足了一系列注意风险的条件后,就可以规范地评价出,行为人具有一种希望和放任,也可以规范地评价出这个注意的意识因素。所以在这个意义上,我认为这样一种结果体现了效果上的意志因素,并不会和《刑法》第 14 条的规定相冲突。再试举一例,我国《刑法》第 3 条对犯罪概念作出了相当抽象概括的规定。但是在认定犯罪时,并不会根据第 3 条去认定犯罪,仍需结合具体的犯罪构成要件。在这个意义上,即便《刑法》对"希望或者放任"有明文规定,但也不表示希望和放任是需要独立审查的因素,而可能只是一个规范判断的结果。

第二，关于主观和客观的问题。刚才有好几位老师提到我的"故意规范化"的方案会不会导致故意的客观化，或是故意风险的主观化。我非常同意这个批评，所以我在报告中并没有特别地强调这个方案是一个客观的故意，还是一个主观的故意。我认为当前学界在讨论"故意规范化"的时候，同时相伴着故意客观化的趋势，有很多学者认为所谓"故意规范化"就是故意的客观化。主观和客观是一对范畴，在刑法学中二者能否真正地作为一个决定性的判断标准？我对此持怀疑态度。但是，在谈论客观归责理论的时候，大家往往会说客观归责理论并不是真正的客观。相应地，我提出的故意风险的判断确实是"着手风险"和不容许风险的叠加判断标准。而着手的判断在我的框架中是一个主客观相结合的因素。在这个意义上，故意风险确实不是纯客观的要素，而是主客观相结合的要素。所以，我提出的故意也不是纯粹的故意客观化或者故意主观化，而同样是主客观叠加的。在此意义上，我认为没有必要去纠结或强调某种规范化的方案，没有必要强调究竟是客观的故意，还是主观的故意。

第三，"着手风险"的问题。为什么我要提出"着手风险"概念，以及我的通过"着手风险"来鉴定故意风险的方案和其他故意理论之间有何区别，有何优越性。

其一，根据我的基本模型，在故意既遂犯中，未遂犯已经体现了行为规范的违反本身，所以未遂才是故意既遂犯的判断的基础和起点。刚才张志钢老师也提到，在这样的框架下，未遂犯是观察的起点，当我们讨论故意既遂犯，或者故意认定的时候，一定要回到对于着手标准和着手风险的判断。无论如何，着手的认定在这个框架中是不可回避的，它是一个前提。因而，着手的概念并非叠床架屋，并非凭空增设的新概念，着手本身就是一个完整的故意犯行为规范的基础和起点。恰恰是因为着手和未遂内涵于既遂之中，是既遂的必要条件，在此意义上，着手概念显然不可避免，显然不是冗余的。

其二，我的方案和其他的理论（包括德国的故意威胁理论概然性说、受防护的危险理论）有何区别？我认为，区别之一在于，我的方案是从故意犯的规范的基础推导得来的；区别之二在于，着手概念是刑法理论中的法定概念，所以进一步体现出我的方案，比起故意威胁理论概然性说，受防护的危险理论等具有更强的规范性，我的方案完全是从实践中推导出来的。我的发言完毕，谢谢。

主持人：姚万勤

非常感谢尔彦的分享。各位前辈，各位同仁，各位同学，大家下午好。在这3个小时中，我前两个小时基本上在听尔彦的报告，以及各位老师的评议，之后半个小时陷入深度的自我怀疑之中，我感觉好像听懂了，好像又没听懂。

尔彦的报告带着很高深的德国刑法教义学的理论，很晦涩，也很难懂，提到的概念的组合度也很高，所以我相信这可能也不是我一个人的问题，其他同学可能也没有听懂，我们把宝贵的时间留给其他老师和同学，让他们进行自由发言。

有请陈金林老师。

发言人：陈金林

我学习了尔彦的论文，并且听取了各位老师的点评，受益颇多。我想起一个问题，尔彦尝试用着手的概念来进行限定。其实她揭示了当前故意认定过程中一个非常明显的偏向，就是在绝大多数时候，我们并不是在评价行为人的主观认识，而是在他此前的所有恶意里面，把能够与他的行为匹配上的全都拿过来考察，但实际上一个人的心理活动是处在变化的过程中的，我们有时候也会对其他人产生恶意，但是在产生恶意的同时我们没有实施行为，所以在这个时候，尔彦尝试用"着手风险"的概念，将主观的内容限定在刑法恰好要处罚的层面，我认为这是一个非常重要的限定。

但是，这里有个问题，虽然这一路径很好，但在中国已经有了预备犯的概念，所以接下来就要看预备犯本身有没有故意，如果预备犯有故意的话，那可能就会面临一个特别大的障碍。所以有没有一种可能性，就是将刑法要尝试处罚的行为基础与主观意思加以限定，以防止恶意不断地前溯，这可被称为恶意前溯的静止原则。这个原则可以防止我们在进行故意认定时产生上文提到的偏向，即不是在评价行为人的主观心态，而是在评价这个人是不是曾经在某一个时段，产生过要去实施犯罪的恶意。但实际上，我们每个人应该都产生过这种恶意，昆德拉曾说，如果我们可以用意识杀人而不用负责任的话，整个世界在5秒钟之内就结束了。

好，谢谢。

主持人：姚万勤

感谢陈金林副教授的精彩分享。我有点疑问，所以我利用担任主持人之便，自由发言一下。

第一个问题，按照现在的目的行为论所兼顾的目的犯罪构成体系，如果站在构成要件的故意里面，尔彦的观点是否是通用的？这是我的第一个疑惑。

第二个问题，如果要坚持构成要件的定型判断，那么在故意的问题上，尔彦通过着手来判定。关于着手，报告中坚持实质的客观说，实质的客观说最大的问题在于它无法维护构成要件的定型性，构成要件需要具有定型性的功能，着手的行为又没有这种定型性，然后报告中又通过没有定型性的问题来限定故意的内容，这是不是存在着一定的矛盾？这是我的第二个疑惑，谢谢。

主持人：陈伟强

在刚才的讨论中提出的问题都非常值得深思。特别是在司法实践中如何判断故意的问题。对于故意的认定，刑法上强调"责任与行为同在"，根据这个原则判断故意，就要求裁判者在判断故意心理时要根据行为的状态进行评价。但是实际上，在司法实践中普遍存在根据行为前的行为人一贯表现及与被害人关系进行判断的问题，这些问题是值得深思的。

最后就请尔彦，针对这几个问题，用言简意赅的表达方式，向大家叙述一下自己的观点。

报告人：陈尔彦

陈金林老师提出的问题，我觉得确实很重要，因为我国刑法中，对预备犯是普遍处罚的，所以如何在我的这个框架中以着手，也即未遂犯处罚起点在什么程度下发展故意风险，进而认定故意，此时如何与预备故意相协调？我认为，如果在理论上回应这个问题，那首先要判断预备案的处罚基础，或者说是正当性根据。

第二场
报　告

主持人：于改之（上海交通大学凯原法学院教授、中国刑法学研究会副会长）

　　　　赵合理（陕西省高级人民法院党组成员、审判委员会委员、执行局局长）

　　　　王志远（中国政法大学刑事司法学院副院长、教授）

　　　　钱叶六（华东师范大学法学院教授）

　　　　吴情树（华侨大学法学院副教授）

报告人：谭　堃（西北政法大学刑事法学院副教授）

评议人：丁胜明（西南政法大学法学院教授）

　　　　王全谋（西安市中级人民法院刑二庭庭长）

　　　　刘　赫（复旦大学法学院博士后）

　　　　张靖波（盈科刑辩学院副院长）

　　　　方　军（中国社会科学院大学法学院副教授）

　　　　王　娜（上海政法学院刑事司法学院副教授）

一、报告

主持人：于改之

非常荣幸与各位专家学者相聚在古城西安，我有幸担任第二场报告的主持人。今天的第二位报告人是来自西北政法大学刑事法学院的谭堃副教授,他报告的题目是《论故意中概括明知的司法认定》,大家欢迎!

报告人:谭　堃

论故意中概括明知的司法认定

大家好,非常荣幸能有机会站在这里为大家作报告,我报告的题目是《论故意中概括明知的司法认定》。我对"概括明知"的规范根据、判断构造及"概括明知"案件的具体定性这三个部分内容进行了深入的分析。"概括明知"的认定需要以行为人对行为危险性的明知为基础,结合主客观要素作出综合性的判断。当行为人基于"概括明知"而实施行为,导致一个结果或者重叠结果产生时,应当在坚持责任主义的前提之下,以想象竞合的方式定罪量刑。

首先,应当明确"概括明知"的内涵及其司法认定的分歧。我认为,"概括明知"是行为人在认识上存在不确定的情况,在我国司法实践中被广泛运用于故意的认定,对其的认识或界分也存在诸多分歧。关于"概括明知"的内涵界定,本报告所使用的"概括明知"取自德日刑法理论中"不确定故意"的概念。所谓"不确定故意",是与"确定故意"相对应的故意类型,指行为人对客观构成要件的事实存在不确定认识的情况。德日刑法理论中一般又将"不确定故意"进一步分为"概括故意""择一故意"和"未必故意"三种类型。其中,"概括故意",是指行为人虽然对于犯罪结果的发生有确定认识,但对于这种结果将发生在什么范围的对象上没有确定认识。"择一故意",是指行为人虽然对于犯罪结果的发生有确定认识,但对于这种结果将发生在哪一个对象上没有确定认识。"未必故意",是指行为人对于犯罪结果的发生有预见,但对于该结果是否发生却无确定认识。我国司法实践中,在认定"不确定故意"时使用"概括故意"的概念较多,出现"择一故意"和"未必故意"的情况较少,而且判决书中所使用的"概括故意"未必符合德日刑法理论中对"概括故意"的一般定义。从判决书使用"概括故意"认定犯罪故意的情形来看,主要包括以下几种情况:一是,在走私类案件中,"概括故意"是被司法解释所认可的用于认定该类案件中是否存在明知的故意类型;二是,在贷款诈骗类案件中,行为人向金融机构提供虚假证明文件,抬高车辆购置价格等,同时骗取担保人的信任向金融机构提供担保,以申请贷款的方式获取金融机构贷款后予以非法占有;三是,在互殴型轻伤害案件中,行为人与被害人因琐事发生撕扯,最终导致被害人受轻伤,很难认为行为人在行为当时确定知道自己的行为会造成轻伤害的结果,对其主观上故意的认定即借助了"概括故意"的概念。综上可知,我国司法实践中所使用的"概括故意"的概念,与德日刑法理论中的"概括故意"并非内涵相同,我国实践使用的"概括故意"更接近于"不确定故意"的范围。基于此,我的主张与我国司法实践保持一致,在"不确定故意"的层面上使用"概括故意"的概念,包括所有在主观上存在不确定认识的情况。因此,所谓"概括故意",是指为行为人明知自己行为的社会危害性,预见到危害结果的发生,但是不确定结果是否实际发生及发生在什么对象上的主观心理。结合"概括故意"的核心问题在于认识因素方面的不确定认识,本报告将研究的主题限于"概括明知"。"概括明知"的认定,为司法机关判断不确定认识案件中的故意提供了有效的方法。但是,由于"概括明知"的内容本身不确定,针对行为人主观上对客观构成要件事实的认识需要确定到何种程度才能被认定为"概括明知",存在范围界定不清的问题,这极易造成司法认定的范围过宽。当前司法实践中对于"概括明知"的认定存在以下争议:一是,"概括明知"的范围缺乏限制。在以"概括明知"判断行为人主观上是否存在故意时,如若"一括了之",极易产生客观归罪的问题。二是,"概括明知"的未遂评价不当。在"概括明知"的案件中,一般只依据实际发生的危害结果对犯罪予以定性,未实际发生的结果不在责任追究范围之内。三是,"概括明知"的判断构造匮乏。例如,在"应志敏、陆毅走私废物案"中,公诉机关指控,应志敏、陆毅违反海关法规,逃避海关监管,采用伪报品名的方式进口固体废物逾380余吨、进口普通货物偷逃应缴税额70余万元,其行为已构成走私废物罪、走私普通货物罪,应数罪并罚。本案中,行为人具有走私废物的故意,但是在所走私的废物中夹藏有普通货物,是否应当构成走私普通货物罪存在争议。综上所述,本报告试图立足于现行《刑法》第14条的规定,从"概括明知"的规范根据出发,为建构其判断构造作出些许尝试,以期为司法实践中"概括明知"的规范化认定提供借鉴。

其次,关于"概括明知"的规范根据问题。我国《刑法》第14条第1款规定:"明知自己的行为会发生危害社会的结果,并且希望或者放任这种结果发生,因而构成犯罪的,是故意犯罪。"据此,我国刑法通说见解认为,犯罪故意在立法上采取了直接故意与间接故意的分类。犯罪故意应当从认识因素和意志因素两个方面予以把握,其中的认识因素就是条文中所规定的"明知自己的行为会发生危害社会的结果"。结合司法实践,明知又被认为包括知道或者应当知道,但是这两种情况都难以将"概括明知"囊括在内,"概括明知"能否从现行立法规定中找到规范根据,存在疑问。第一,明知属于确定知道。我认为从"明知"的用语来看,其是明确知道、确定知道的意思,难以从"明知"中解释出"预见"。尽管我们认同故意的认识因素应当包括"概括明知"的情况,但是从故意的认识因素应当包括预见的应然立场出发,并不能直接推导出我国《刑法》将"预见"作为了故意的认识因素,更无法推导出"明知"的内涵本身就包括"预见"。因此,对《刑法》第14条应当采取文义解释的方法,将"明知"的内涵限于确定知道。第二,应当知道属于推定确定知道。一方面,将"明知"解释为应当知道存在违背责任主义的危险;另一方面,将"明知"解释为应当知道仍然属于确定知道的范围。此外,如果将我国《刑法》中故意的认识因素仅仅理解为"明知",那么就要求行为人在主观上对所有客观构成要件的事实都确定地知道。问题在于,行为人在行为当时并不存在对所有客观构成要件事实的确定认识,行为人在实施行为之后,对于行为将导致的结果难以形成确定认识。第三,故意的认识因素的重构。我主张可以对我国《刑法》中故意的认识因素构造重构,故意的认识因素可以进一步表示为"行为确知+结果确知"的确定明知与"行为确知+结果预知"的概括明知。由此,通过对我国《刑法》中故意的认识因素的重构,能够为"概括明知"的司法认定提供规范基础。可以认为,"概括明知"本身就是《刑法》第14条所规定的明知类型,"概括的故意"也是我国立法所确认的故意类型。

再次,关于"概括明知"的判断构造。在"概括明知"的判断基础问题上,我持行为的危险性观点,即认为对于行为的明知还应当要求行为人认识到行为的社会危害性,认识到行为在法律规范看来是坏的行为。或者说,行为人确定知道所实施的行为在法律规范上是禁止实施的行为。由于故意的构成要件规制机能是以刑法规范为手段的一般预防的要求,反之,刑法规范一般预防的机能如何实现将影响故意认识内容的确定。刑法通过向规制对象提供行为规范的指引来实现犯罪预防的一般效果,即一般预防目的的实现,依赖于人们遵从法规范的期待来安排自己的行为,由于法规范的目的在于保护法益,所以遵从法规范行为最终有利于实现刑法法益保护的目的。因此,法规范所期待的是,在行为人认识到自己所实施的行为是法规范所禁止的或者说是法所不容许的,可能导致产生法益侵害的结果时,其能够在主观上形成不实施该行为的反对动机。只有行为人违背法规范的期待而没有形成反对动机,进而实施了法所不容许的行为,才需要在刑法上被谴责。所以,行为人需要对自己将要实施的行为在刑法上所具有的规范期待存在明确的认识。既然如此,那么故意中的"事实的认识",不是"对物体的认识"或者"对裸的事实的认识",而必须是"对含义的认识"。至于行为人所实施的行为在法律上具体如何被评价，是被评价为甲罪还是被评价为乙罪，则不属于明知的范围。因为，行为人对法规范所期待的内容的认识，只要明确知道行为被法规范所禁止就够了，并不要求行为人对法规范具体的评价结论也存在认识。在"概括明知"的判断内容问题上，我认为应当主要对行为危险性的决定要素进行判断，行为人对行为危险性的确知是判断"概括明知"的基础，因此，对"概括明知"的判断就转化为了对行为人是否明确认识到行为危险性的判断，而对行为危险性是否明知的判断又可以进一步具体化为行为人对决定行为危险性的诸多客观要素是否存在明确认识的判断。尽管这些要素实际上就是客观构成要件所具有的要素，但是对这些要素的认识未必需要达到完全清晰准确的程度，就能够确定行为人对行为的社会危害性存在明知。具体包括：第一，行为所作用的部位及程度。行为所作用的部位及程度不同，决定了其所可能导致的结果不同，这对行为的危险性具有决定性的意义。行为人如果对打击的部位没有确定认识，则难以认定其对行为危险性的明知。第二，使用的工具。行为人行为时所使用的工具在表征行为危险性时也会发挥一定作用。例如，到底是使用棍棒还是使用管制刀具，这在伤害行为的危险性程度上存在差别。第三，行为的方式。行为人对行为方式的明知，限于决定行为危险性的行为方式，与行为的危险性之间不具有必然关联的，不在明知考察的范围之内。第四，行为的对象。"概括明知"包括对结果将在哪个对象上发生的概括认识，但是，这不等同于行为人对自己行为所作用的对象完全不存在确定认识。在某些情形中，行为人对行为将作用于何种对象的认识，决定了其对自己行为的社会危害性的认识，因此，行为的对象仍然属于判断行为危险性时需要认识的要素。但是，对行为对象的认识，只要能够判断出行为的社会危害性就够了，因此，这里所谓对行为对象的明知，并非指对物品到底是什么的明知，而是对物品所彰显的规范属性的明知。第五，规范构成要件要素等。行为人要形成不实施法所禁止的行为的反对动机，依赖于行为人对规范意旨的准确理解，因此，价值的要素应当纳入故意的认识内容。当规范构成要件要素成为决定行为危险性的要素时，只有行为人对该要素所具有的含义具有明确认识时，才能认为其主观上明确认识到了行为的危险性。

最后，司法实践中，针对"概括明知"案件的定性，都是根据客观上实际造成的结果予以确定的。此种定性方式存在以客观结果的内容掩盖主观恶性评价的问题，因此理论上有必要从主客观相统一的立场出发作更为精细化的判断。我从"结果概括明知"中的未遂定性和"对象概括明知"中的重叠结果两个方面对"概括明知"案件的具体定性进行了分析，主张"概括明知"并不能完全等同于间接故意，在"概括明知"案件中无须完全按照实际发生的结果来定性。在直接故意的场合，不论是伤害的结果还是死亡的结果，均是行为人"概括明知"的认识之下所追求的结果，并非可发生、可不发生的放任心态，而是发生伤害结果或死亡结果均可的任意心态，客观上发生什么样的结果均是行为人积极追求导致的。当行为人所实施的行为具有致人死亡的危险性时，即便死亡结果没有发生，致人死亡的危险性却已存在，因此是伤害结果与死亡危险并存的状态。所以，行为人在"概括明知"的认识之下实施了一个行为却触犯了数个罪名,应当构成想象竞合,依照想象竞合的处断原则从一重处断来具体定性。行为人主观上虽然存在"概括明知",但是其客观上的行为最终只能触犯一罪,则直接以所触犯之罪定罪即可,不能以想象竞合论处。例如,在"两卡"(手机卡和银行卡)犯罪中,行为人所提供的银行卡,既有可能被用于在诈骗过程中直接接受被害人转账过来的款项,也有可能被用于在诈骗得手后分流赃款、取现。由于行为人主观上只存在"概括明知",即其只关心出售、出租银行卡获利,并不关心、介意其所提供的银行卡具体被用于哪个阶段,此种情况下行为人的行为到底构成何罪还需要根据客观现实发生的情况予以判断。如果依照客观现实的情况最终确定行为人的行为只能构成一罪,则不存在构成想象竞合并依照从一重处断的原则进行处罚的问题。结合行为人主观上的"概括明知"和客观上银行卡具体被在哪一个环节使用,可以判断行为人具体构成的是帮助信息网络犯罪活动罪(简称"帮信罪")还是掩饰、隐瞒犯罪所得、犯罪所得收益罪(简称"掩隐罪")。此种情况特别需要注意利用主客观相统一原则进行判断,不能以行为人主观上的"概括明知"径直推导出客观上触犯了两罪的结论。关于当行为人主观上对结果将发生在何种对象上存在"概括明知",但现实中发生重叠结果时,应对行为人的行为如何定性这一问题,我通过对对象特定与对象不特定的情形进行分别论述,最终得出结论:在对象不特定时的重叠结果情况下,在犯罪定性时应当以行为所触犯的数个罪名之间构成想象竞合进行结果归责;在对象特定的"概括明知"所导致的重叠结果产生的情况下,应当构成一个故意既遂犯与一个故意未遂犯的想象竞合，从一重处断。当两个结果或者两个构成要件属于不同性质的构成要件时，在具体案件中应当结合构成要件的特征，针对重罪成立既遂，针对轻罪成立未遂，在重罪既遂与轻罪未遂之间构成想象竞合，从一重处断。如果所触犯的轻罪无未遂形态时，径直以重罪既遂予以定罪，并从重处罚。

二、评议

主持人：赵合理

感谢谭堃老师精彩的报告！谭堃老师的报告紧扣司法实务关注的问题，论证严谨，也让我有了很多的思考。下面进入评议阶段，首先请西南政法大学法学院的丁胜明教授进行评议，欢迎。

评议人：丁胜明

谭堃老师的报告《论故意中概括明知的司法认定》，立足本土视角，有明确的问题意识，在对传统理论进行批判的基础上提出了创新的论点。

一是，报告立足本土，从中国问题出发，探索中国方案。比如，报告所探讨的"概括明知"，指的是主观上存在不确定认识的情况。这一概念实际上接近于德日刑法理论中的"不确定故意"，但是，在我国司法实践中，大多采用"概括明知""概括故意"来指代所有"不确定故意"的情况，所以，报告遵循我国司法实践,采取了"概括明知"而没有采取"不确定故意"的表述。比如,报告对我国司法解释中关于"概括明知"的规定进行了梳理,对于《最高人民法院、最高人民检察院关于办理走私刑事案件适用法律若干问题的解释》《最高人民法院、最高人民检察院、公安部、司法部关于办理性侵害未成年人刑事案件的意见》中关于"概括明知"的条款进行了充分的解读。又如,报告收集了"马静静故意伤害案""余木良危险驾驶案""郑铭东等故意伤害案""应志敏、陆毅走私废物案"等司法案例,通过对司法实践做法的考察来支撑报告的论证。因此,报告的本土化特色明显,在方法论上值得充分赞扬。

二是,报告有明确的问题意识,并且对提出的问题给出了明确的解决方案。比如,报告起初就提出,如何认定"概括明知"存在模糊和争议,司法实践中存在"一括了之"的现象。后文花了较多篇幅试图建构"概括明知"的认定框架,提出应当以行为人对行为危险性的明知为基础,结合主客观要素作出综合性的判断。又如,报告起初就提到,行为人基于"概括明知"而实施行为,导致一个结果或者重叠结果产生时,应当如何准确认定行为性质、进行罪数判断,司法实践中往往有意无意地忽视未遂犯的认定,在后文中,报告对这一现象背后的法理进行了深入分析,并提出应当充分运用想象竞合犯的原理来处理这类问题。报告首尾呼应,对于文初提出的问题都进行了充分的分析,并且给出了自己的解决方案。

三是,报告在对传统理论进行批判的基础上提出了创新的论点。比如,报告提出,我国刑法中故意的认识因素不是通常所理解的只有一个要素，即"明知自己的行为会发生危害社会的结果"，而是包括了两个认识要素：一个是行为人对行为社会危害性的明知；另一个是行为人对危害结果的预见。两个认识因素相结合才能完整地体现行为人主观上的认识心理。又如，报告提出，在判断是否存在"概括明知"时，首先应当以行为人所实施的行为的危险性为基础，通过判断行为人是否认识到了体现行为危险性的事实，来判断行为人主观上是否存在对将要发生结果的认识。也即，当行为人明知自己所要实施行为的社会危害性时，行为人仍然选择实施该行为，说明行为人对于结果的发生具有主观上的预见。再如，报告强调，在"概括明知"的背景下，如果行为人预知可能发生多种结果，那么，不应当仅仅按照实际发生的结果来定性，而应当将未发生的结果作为未遂犯来认定，然后作为想象竞合犯来处理，等等。上述观点，在理论上都具有创新性。

但是，报告也存在一些值得商榷的地方。

第一，"概括明知"这个概念过于概括，以至于所有认识不明确的情形都被纳入"概括明知"的范畴。事实上，在认定故意之时，争议最大的问题就是行为人到底认识到了什么，故意的认定中最核心的问题就是认识内容不明确。如此一来，除非那种极其明确没有争议的情形，只要是认识的内容不明确，都可以纳入"概括明知"的范畴，就像罪数理论中所有说不清道不明的情形都可以说成包括的一罪一样。这会导致"概括明知"的概念缺乏限定性，也会导致以"概括明知"作为基础概念来展开讨论之时，会将许多实质上没有关联性的问题放在一起讨论。比如，报告中的"余木良危险驾驶案"中,本质上是关于规范的构成要件要素的认识的认定问题;"郑铭东等故意伤害案"中,本质上不是关于主观要素的认定问题,而是间接故意有没有未遂犯的问题;"王某某非法制造、出售非法制造的发票案"中,是认识错误,以及不能犯和未遂犯的区分问题。

第二,报告虽然采取了本土化的研究视角,但是对于这一方法并没有贯彻到底。比如,报告以"郑铭东等故意伤害案"为例提出,如果行为人在明确认识到行为危险性的前提之下,尽管对到底造成的是伤害的结果还是死亡的结果难以确定,但对任一结果皆为积极追求的心态,那么,即便客观上没有发生死亡的结果,也要将其认定为故意杀人罪的未遂,然后与故意伤害罪作为想象竞合犯进行处理。报告还特别提出,这种情形并不是死亡的结果发生与否行为人都接受的间接故意,而是直接故意。但是,一方面,如果证据明确显示行为人对死亡的结果持追求态度,那么直接认定为故意杀人罪未遂就可以了,不存在另外认定为故意伤害罪的空间。就像一旦认定行为人明确具有强奸的故意,就没有必要说行为人还具有猥亵的故意,进而还要另行认定为强制猥亵罪一样。反过来,如果证据无法证明行为人明确追求死亡的结果,而是对死亡还是伤害都无所谓、不管不顾,那么这就是一种典型的间接故意。另一方面,从我国司法实践来看,对于此类案件,最终都是按照实际发生的结果来认定,这种做法并非没有道理。从法官的角度来说,其追求的终极目标是罚当其罪、被告人服判不上诉;从被告人的角度来说,其担心的最多的是自己会被判几年,而不是判决书上定几个罪。因此,只要最终刑罚合理，法官和被告人就都能接受。对于"郑铭东等故意伤害案"这类案件，即便同时认定为故意伤害罪和故意杀人罪未遂，但根据《最高人民法院、最高人民检察院关于常见犯罪的量刑指导意见（试行）》，"对于未遂犯，综合考虑犯罪行为的实行程度、造成损害的大小、犯罪未得逞的原因等情况，可以比照既遂犯减少基准刑的50%以下"。因此，故意杀人罪未遂最终的刑罚和故意伤害罪既遂相差无几。这种情况下，如果还要求法官必须认定两个罪，法官会嫌麻烦。不懂法律的被告人也很害怕，可能会拒绝认罪认罚，甚至提出要上诉，这又影响到检察官和法官的考核。律师也很担心，这种情况还能不能缓刑、还能不能予以从轻。所以各方都会持消极，甚至反对态度。并不是说，一个司法方案需要取得各方的赞同，但是，如果一个方案会引发各方的反对，那么它就不具有可实践性。因此，如果真要从本土化的角度来说，报告提出的追加认定未遂犯，然后按照想象竞合犯处理的方案，不符合中国的司法实际。

第三，报告认为，法规范所期待的是，在行为人认识到自己所实施的行为是法规范所禁止的或者说是法所不容许的，可能导致产生法益侵害的结果时，其能够在主观上形成不实施该行为的反对动机。只有行为人违背法规范的期待而没有形成反对动机，进而实施了法所不容许的行为，才需要在刑法上被谴责。因此，"对于行为的明知还应当要求行为人认识到行为的社会危害性，即要认识到行为在法律规范看来是不好的、坏的行为。或者说，行为人确定知道所实施的行为在法律规范上是禁止实施的行为"。可以看出，报告基本上采取了严格故意说。之所以如此，是因为报告认为"故意的本质是没有形成不实施危害社会行为的反对动机"。事实上，不仅故意说的学者，可能很多支持责任说的学者，也认同上述说法。然而，这是一种普遍存在而又根深蒂固的错误观念。需要明确，故意不等于故意犯，故意只是故意犯罪中的一个要素而已，不能将故意犯的特征，全部都塞进故意的构造之中，故意这样一个要素无法独自承担起这么沉重的功能。其实，只要稍加思考就不难发现，所谓没有形成不实施违法行为的反对动机从而应该受到谴责，是所有犯罪的共同特征，而不仅仅是故意犯的特征，更不可能是故意的特征。

最后，需要说明的是，对于学术研究而言，批判总是比建构容易。因此，作为批判者，仍然要向试图建构"概括明知"的分析框架的谭堃老师表示钦佩和敬意。

主持人：王志远

感谢丁胜明教授的精彩发言，下一位评议人是西安市中级人民法院刑二庭庭长王全谋，有请。

评议人：王全谋

"概括故意"是司法实践中为解决被告人主观方面的认定困难，而逐渐形成的以合理推论为核心的一种认定方法和认定理论，目前在实践中得到普遍运用，并且得到一些司法解释或司法文件的认可。公通字〔2022〕18号《最高人民法院、最高人民检察院、公安部、国家文物局关于办理妨害文物管理等刑事案件若干问题的意见》第3条明确规定："刑法第三百二十八条第一款第三项规定的'多次盗掘'是指盗掘三次以上。对于行为人基于同一或者概括犯意,在同一古文化遗址、古墓葬本体周边一定范围内实施连续盗掘,已损害古文化遗址、古墓葬的历史、艺术、科学价值的,一般应认定为一次盗掘。"最高人民检察院第十二批指导性案例"于海明正当防卫案"(检例第47号):"行凶"是认定的难点,对此应当把握以下两点:一是必须是暴力犯罪,对于非暴力犯罪或一般暴力行为,不能认定为行凶;二是必须严重危及人身安全,即对人的生命、健康构成严重危险。在具体案件中,有些暴力行为的主观故意尚未通过客观行为明确表现出来,或者行为人本身就是持概括故意予以实施的,这类行为的故意内容虽不确定,但已表现出多种故意的可能,其中只要有现实可能造成他人重伤或死亡的,均应当认定为"行凶"。在最高人民法院、最高人民检察院发布的职务犯罪指导性案例007号中,对受贿人的概括故意进行了详细的论述,并指出概括故意表现为对行为细节认识不明确,对行为对象不明确及对危害结果认识不明确。最近关于毒品犯罪的《昆明会议纪要》中,在如何认定行为人明知的部分,就吸纳了概括故意的概念。但目前在司法实践中,关于概括故意并没有形成一套成熟的理论,各地区法院或者不同的法官,在面对具体个案时可能得出不同的结论。例如谭堃副教授所举的"郑铭东等故意伤害案",类似的案件在西安地区的定性就可能有所不同。因此,基于统一裁判尺度的考虑,实务界需要一套关于概括故意的认定规则和判断标准。

谭堃副教授的报告主要面向司法实务中几个急需解决的问题,特别是提出了"概括明知"的判断基础是行为的危险性,并相应提出了判断的方法和内容，具有可操作性，对司法实践具有借鉴意义。一方面，报告人提出，"当行为人明知自己所要实施行为的社会危害性时，仍然选择实施的，说明行为人对结果的发生具有主观上的预见"，以及"行为人要认识到该行为被广义的法律规范所否定"，这与司法实务中的认定方式是基本一致的，例如，行为人将银行卡卖给他人后，又帮助其进行身份验证的，只要求行为人认识到该行为受到法律否定，而这一点根据银行和社会的宣传即可推定，进一步，只要行为人认识到该行为受到法律否定，就可以认为其认识到自己的行为具有危险性，即帮助电信诈骗等犯罪行为的危险性。另一方面，报告人提出了一些具体的判断要素，这些要素实际上就是具体犯罪的构成要件要素，根据对这些要素的个别判断，是可以推定行为人的认识要素的。例如，实践中对故意伤害致人死亡和故意杀人罪的区分，经常会根据打击的部位、次数、手段等进行推论。此外，报告的一个亮点是，报告人运用自己的理论，对实践中的几种情况进行了分析，其得出的结论与实践是基本一致的，验证了其理论的可行性，具有进一步推广的空间。

对于报告人提出的认定概括故意至少应当达到"行为确知+结果预知"，我也持赞同意见。理论界和实务界均有一种观点认为，概括故意中的认识因素，应当达到认识结果必然发生的程度，仅对结果细节具有不确定性，并且举例反对"结果预知"的观点，称：行为人向人群投掷炸弹的行为，事实上可能不会造成任何危害结果，而行为人主观上也可能这样认为，这一可能性不能排除。这种解释是将行为人各种牵强、极端的辩解都加以考虑，成为犯罪分子诡辩、脱罪的理由，这种情况下危害结果之完全不发生的概率微乎其微。事实上，这是一种极端的例证，但现实情况中，其边界往往是模糊不清的，我来举一个例子，行为人酒驾时遇交警查车，为逃避打击，加油冲向交警卡点，行为人对于最终结果——交警是否会避开，是否会撞上交警，只有可能性判断，没有确定性判断，如果不采纳"结果预知"的观点，那么最终的处罚结果可能会导致罪责刑不相适。因此，"行为确知+结果预知"的论断，值得采用。

就报告中的几个观点，我希望与作者商榷：

第一，区分几种"不确定故意"的意义不明显。"不确定故意"的几种分类源自德日刑法理论，在我国的司法实践中，基本是不作具体区分的，在长期运用的过程中，虽然出现了一些问题，但是并非源于对概括故意不作区分，主要还是缺乏相应的判定标准。在我国数十年刑法理论与实践的发展过程中，基本形成了中国特色社会主义法治理论，我们广泛吸纳国外刑法理论优秀的地方，但主要还是立足于我国的司法实践，理论最终的归宿和最高的标准是指导和服务实践，坐而论道的情况要尽量避免。谭副教授的报告整体上是从实践问题出发，解决现实问题，但仅就该问题来说，个人认为对概括故意进一步区分类型，实践意义不够显著。

第二，《刑法》第 14 条所规定的"明知"，在实践中普遍认为包括"应知"。此处的"应知"，如报告人所论，属于"推定的确定知道"，但"应当知道"并非仅仅表明行为人具有知道的义务，从实践来看，推定的知道往往契合了行为人实际上的确知,也就是说,如果将推定明知排除在第 14 条规定的"明知"之外,那么从诉讼法或者说刑事诉讼证据的角度看,在具体案件中,除了被告人自行供述"明知",将无法证明行为人的"明知",这不符合实践需求,也可能与刑事诉讼的精神违背。换言之,"概括明知"的规范根据不仅来自刑法,还来自刑事诉讼法。

第三,关于如何判断行为人对行为的危险性、社会危害性是否具有认知的问题。报告没有具体提及相关的判定标准,结合相关司法解释和司法实务,个人认为可以以社会一般认知为标准进行相当性判断,这也是司法实践中经常采用的标准。例如,在毒品犯罪中,此次《昆明会议纪要》明确了几种推定行为人明知的判断标准,如交易的方式明显异常等,这种明显异常的判断,就是以社会一般公众的认知为标准的,如果超过了这个标准,那么就可以推定行为人对自己行为的危险性、社会危害性具有认识。同时,对于一些特殊案件,要结合行为人的自身特点进行判断,其判断基准不再是社会一般认知,而应该转换为行业的、特殊个体的局部范围认知。如在一些泄密案件中,如果以社会一般认知去判断行为人能否认识到"情报"这一专业性问题,很难得出正确结论,此时就应当立足于其职业、行业的特殊认识标准进行判断。又如,报告人所举的驾驶超标电动车构成危险驾驶罪的案例,如果行为人是从事机动车鉴定的专业人员,那么就另当别论,因此,对于概括故意的判断还是要在个案中坚持主客观相一致原则,既要从实体法,也要从程序法进行综合判断,确保不枉不纵。

以上是我的拙见,不当之处请批评指正。

主持人：赵合理

感谢王全谋法官的发言，王全谋法官的评议让我们看到了更多的实务视角，下面有请复旦大学法学院博士后刘赫博士发言。

评议人：刘　赫

谭堃副教授的报告《论故意中概括明知的司法认定》，基于司法实践中对行为人不确定认识所涉及的故意认定的难题，创造性地将我国《刑法》第14条中犯罪故意的认识因素进行了理论重构，并结合我国实践中的大量案件对故意认定进行了规范性判断。整篇报告在论证逻辑上层层推进，其极具独特性的观点令人耳目一新，为故意认定的规范化提供了原创性的理论贡献。该报告堪称"理论"与"实践"结合的典范。归纳起来，报告具有两大亮点：

其一，报告完成了对"概括明知"的理论证成。谭堃副教授通过对故意的认识要素的重构，为其所主张的"概括明知"概念在我国刑法教义学中寻找规范依据。谭堃副教授认为我国故意的认识要素不应只有一个，即"明知自己的行为会发生危害社会的结果"，而是应包括两个认识要素：对行为社会危害性的明知与行为人对危害结果的预见。在此基础上，谭堃副教授将我国故意的认识要素抽象为"行为确知+结果确知"的确定明知与"行为确知+结果预知"的概括明知两种类型。"概括明知"在谭堃副教授的教义学框架下，从概括故意概念的束缚中被解放出来，并成为故意认定的规范化的独立要素。

其二，报告建构了"概括明知"的规范化判断体系。谭堃副教授将行为的危险性作为"概括明知"的判断基础，并在报告中进一步提出"行为危险性"判断所涉及的诸多客观要素。例如，行为所作用的部位及程度、使用的工具、行为的方式、行为的对象与规范性构成要件要素等。在此基础上，谭堃副教授尝试运用"概括明知"的概念，来解决司法实践中呈现的"以客观结果的内容掩盖主观恶性评价"问题。特别是，报告中对"结果概括明知中的未遂定性"与"对象概括明知中的重叠结果"提出了富有启发性的解决方案。

通过仔细聆听报告，以及我对故意理论尚不成熟的思考，我对报告的部分观点有一些不同意见，就此想向谭堃副教授请教、学习，因为时间仓促，可能未完全理解谭堃副教授的观点，不当之处还请批评。

第一，报告能否回避犯罪故意理论中的认识论和意志论之争？报告虽将讨论的焦点集中在对"概括明知"的认定上，但该问题与行为人的故意成立与否紧密相关。换言之，报告所主张的故意认定方案是基于行为人对行为危险性"明知"的判断，可以简单地将其理解为认识论的教义学新方案。然而，报告却在犯罪故意本体论的问题上主张"故意的本质是没有形成不实施危害社会行为的反对动机"。这种对犯罪故意本质的理解显然是意志论的代表性观点。报告所涉及的对概括故意的讨论，并未直面这种立场之争，这有可能会引发对报告观点的误解。

第二，报告能否回避犯罪论体系之争而讨论犯罪故意？报告深度结合我国本土化的理论与实践，就犯罪故意特别进行了类型化重构。其中，报告涉及了对犯罪故意内容要素进行检视的理论问题。报告回避了故意内容要素背后涉及的犯罪论体系之争，直接将对行为的社会危害性认识纳入了故意要素。然而，故意内容要素（特别是故意与违法性认识的关系）在古典犯罪论、目的犯罪论与后目的论犯罪论等体系之下都有所不同。纵使在我国刑法理论的语境之下，违法性认识（即报告所使用的"行为不法性的认识"）也存在罪责论和故意论的体系性地位之争。该问题的立场在报告的论证中未能得到一致性的应用。例如，报告认可故意所发挥的构成要件规制机能的观点，可该观点的背后却是基于"（构成要件）故意—违法性认识"区分下的产物。而这种观点与报告所持的故意论立场相去甚远。

第三，报告中的"概括明知"能否从"概括故意或不确定故意或未必故意"中推导而出？想回答这个问题，就不能回避"概括故意或不确定故意或未必故意"在刑法教义学概念史中的讨论。回顾我国及日本刑法理论文献，"概括故意""不确定故意"与"未必故意"时常出现混用的情况。首先，费尔巴哈是"不确定故意"的首创者，其认为犯罪故意的成立必须具有相关犯罪的目的。费尔巴哈排斥对直接故意与间接故意的区分，而是主张对"确定故意"与"不确定故意"的区分。"确定故意"是行为人的危害结果直接作为犯罪行为的唯一目的；而"不确定故意"则是行为人尚未完全确定其内容的故意，即犯罪目的是造成某种犯罪类型的多种侵害或基于某一种类犯罪中的择一侵害。其次，克鲁格（Krug）认为"不确定故意"在归责逻辑上是不合理的，行为人可能存在对不特定事物的追求，但无法对特定事物保持不确定的意欲。其认为在这种情况下，若行为人对侵害对象不确定，或者对危害结果是伤害或死亡不确定，那么行为人所具有的意志不具有针对性，仅具有一般性，宜被称为"概括故意"。最后，"未必故意"则是博默尔（Böhmer）为了充实间接故意理论的内涵所提出的概念，其认为行为人对于一个不是其意图所达成的结果，在结果发生的情况下，行为人对此予以接受。换言之，行为人在意志上对结果发生可能性是有所容忍的，但并不要求行为人对此可能性具有现实认识。结合上述简要的刑法教义学概念史，应当审慎看待"概括明知"与"概括故意或不确定故意或未必故意"之间的关系。

整体来看，报告体现出了谭堃副教授扎实的理论功底与强大的实践能力，特别是报告对"概括明知"这一概念的提出，其本身就极具无限的学术吸引力与鲜明的理论创造性，是一篇值得多次研读的佳作。报告中的若干新颖观点，一定会受到学界的广泛重视，为故意认定的规范化提供重要的理论贡献！

主持人：王志远

感谢刘赫博士的发言，接下来让我们欢迎盈科刑辩学院的张靖波副院长发言。

评议人：张靖波

感谢主持人，感谢谭堃老师及前面几位评议嘉宾的精彩发言。尊敬的各位专家、教授，各位到场的嘉宾朋友们，大家下午好！我是来自盈科律师事务所的张靖波律师，目前担任盈科刑辩学院副院长一职,非常荣幸能够作为盈科律师事务所的代表之一受邀参加本届论坛,并有幸能就谭堃老师的报告《论故意中概括明知的司法认定》,发表自己的与谈观点。不当之处,还请各位专家、老师批评指正!

报告存在几大亮点:

第一,报告的选题与研究紧跟司法实践中亟待解决的难点、热点问题。在参与本次与谈之前,本人认真拜读了谭堃老师的这篇论文,作为一名从事刑事辩护实务的法律工作者,尤其能够感受到谭堃老师报告中所讨论的主题的现实意义。

故意是《刑法》第14条规定的犯罪构成要件。如何认定是否存在故意,如何厘清故意所涵盖的范畴、故意指向的对象,是判定罪与非罪、此罪与彼罪、单罪与数罪中最为重要的因素,也是坚持刑法所要求的"主客观相一致"原则的重要实践标准。报告中明确故意的认识因素应被分为两种类型,即"行为确知+结果确知"的确定明知以及"行为确知+结果预知"的概括明知。其中关于"行为确知+结果确知"的确定明知的法律适用,并无太多争议,但随着近年来在司法实践中逐步凸显的一些犯罪行为,"行为确知+结果预知"的概括明知,给正确认定刑事责任的承担提出了更高的挑战。如在伴随网络诈骗、网络赌博等犯罪行为衍生的"帮信罪""掩隐罪"中,对其中参与犯罪末端的提供银行卡、手机卡及转移赃款环节中犯罪性质的认定,对"非法吸收公众存款罪"中参与集资行为的一般业务员的行为性质的认定,以及对"操纵证券、期货市场罪"中参与配资环节的中介、资金提供方的行为性质的认定等,均涉及报告中所述的对"行为确知+结果预知"的概括明知的实践运用，因此，报告对于"概括明知"的分析与探讨有助于司法实践中更为准确地把握刑法中"故意"的边界。

第二，报告从寻找"概括明知"的规范依据出发，剖析了现行立法中"概括明知"规范的缺失，进而提出可对"概括明知"在故意的认识因素方面进行重构，为司法认定中对"概括明知"的规范化认定提供了有益思路。

其一，谭堃老师在剖析《刑法》中的"明知"概念时先明确了"明知"的字面解释应对应"确切知道"，同时肯定了司法实践中对"概括明知"的运用，且认为"概括明知"是实践中认定故意的重要方法，并且提出，如果将《刑法》中的"明知"排除在"概括明知"之外，就会导致司法实践中运用"概括明知"认定故意存在而违背罪刑法定原则之嫌，对此评议人也认同谭堃老师的分析，同样，如果在司法实践中摒弃对"概括明知"的运用，一味追求确定的"明知"，也会存在导致部分行为的社会危害性无法得到有效评价的不利后果。因而，"概括明知"的寻找或者构建规范依据就有了现实意义。

其二，谭堃老师进一步从"应当知道"的规范分析入手，认为即便从"应当知道"的规范入手也无法得出其涵盖"概括明知"，因为"应当知道"在本质上也属于确定知道，即"应当知道"系行为人负有"明知"的义务，规范层面所提及的"应当知道"所赋予的本质内涵也是推定行为人应当"确切知道"而非"大概知道"。

基于上述分析，谭堃老师对故意的认识因素进行重新构架,将通常理解下的故意的认识因素仅包含一个要素,即"明知自己的行为会发生危害社会的结果",构架为包含两个认识要素:行为人对行为社会危害性的明知及行为人对危害结果的预见,并总结出"行为确知+结果确知"的确定明知与"行为确知+结果预知"的概括明知两种认识因素类型,由此为司法实践中"概括明知"的适用提供了规范依据。

本人对报告中的一些观点,也进行了分析与反思。由于评议时间有限,我无法对谭堃老师的报告中的所有观点及逻辑进行逐一梳理与评述,这里仅列举本人在拜读过程中产生思想碰撞的两点进行简单论述。

第一,对谭堃老师列举的"郑铭东等故意伤害案"用于论证是否应当对"概括明知"中的未遂予以评价的评析与反思。

谭堃老师在列举"郑铭东等故意伤害案"时指出:"既然认定行为人主观上存在概括故意,那么其中就包括对行为可能导致死亡结果的认识,当客观上没有产生死亡结果时,仍然有可能构成故意杀人罪的未遂犯。判决却以客观上没有造成死亡结果为由认定构成故意伤害罪,没有对故意杀人罪的未遂作出任何评价,难言妥当。"

我认为,此处其实衍生了一个问题,从"概括明知"中仅对结果的"概括明知"能否推导出对其行为的"概括明知",进而决定最终对其主观故意的认定?"确定明知"的既遂与"概括明知"的未遂能否同时存在?在"郑铭东等故意伤害案"中,如郑铭东既构成故意伤害罪的既遂,也构成故意杀人罪的未遂,则意味着郑铭东应当同时存在对其行为的"概括明知"以及对危害结果的"概括明知"。其中，对行为的"概括明知"又体现为其所实行的犯罪手段是否属于"概括明知"的范畴。结合本案，郑铭东存在的"概括故意"固然包括对其行为可能导致的死亡结果的认识，但对死亡结果的认识既可以基于故意杀人的结果认识，也可以基于故意伤害的结果认识。该案中，郑铭东对其行为并不存在"概括明知"，其主观上并无追求受害人死亡的故意，因而其对行为的明知应属于"确定明知"，即其实施的行为属于伤害行为，非杀人行为，但伤害行为也可能导致死亡结果的发生，这就是对结果的"概括明知"。刑法罪名中，"故意伤害致人死亡"是对行为的"确定明知"及结果的"概括明知"所致。

我认为，在"郑铭东等故意伤害案"中，仅评价故意伤害的既遂，而不评价故意杀人的未遂并无不妥，此时审判机关的认定亦符合主客观相一致的原则。当然，在认定主观故意时，应当结合行为实施的具体手段明确行为人对行为处于何种"确定明知"，进而明确故意的范畴。如果行为人的手段明显超出伤害行为的范畴，如郑铭东使用的是烈性炸药，足以致人死亡，则其对行为手段的明知限于对"杀人行为"的"确定明知"，此时受害人并未死亡则成为其故意杀人行为中对结果的"概括明知"，从而成立故意杀人的未遂。因此我认为，"确定明知"的既遂与"概括明知"的未遂能否同时存在值得商榷，谭堃老师列举的"郑铭东等故意伤害案"是否属于此类情形可以进一步延伸讨论。

第二，对谭堃老师在报告中论述"明知"的内涵是否包含"预见"的评析与反思。

谭堃老师在论述"明知"属于确定知道时提及，从"明知"

的用语来看，其是明确知道、确定知道的意思，难以从"明知"中解释出"预见"。而评议人认为，从"明知"中解释出"预见"的含义，并未突破刑法原有之义。"明知"应当既包括对已经发生的过往事物的总结，也包括对客观规律的掌握，同时也包括对未来确定会发生的事物的内心确信，甚至"明知"在某种意义上本就意味着"预见"，如在故意杀人行为中，行为人拿刀捅向一个人的心脏，必然"预见"其会发生死亡的结果，此时的"明知"当然包含"预见"之义，甚至"明知"捅人的心脏会致人死亡就等于"预见"到捅人的心脏会致人死亡。

如果将此种"明知"解释为"预见"尚觉牵强的话，那么"危险驾驶罪"中，"明知"与"预见"则更加显得"如影随形"。在"危险驾驶罪"中，行为人在醉酒状态下驾驶机动车即可构成本罪，并不要求其驾驶机动车必然发生损害后果，对该行为的规制恰好是"预见"到该行为可能带来较为严重的损害后果，对行为人而言，认定其"明知"行为的危害性也是因为其应当"预见"到可能会发生较为严重的损害后果。

同样，借鉴刑法中的"行为犯"概念，也可得出"明知"中应有"预见"之义，"行为犯"并不以追求危害结果的发生为构成要件，而是以行为完成作为认定标准，即行为人的行为虽未直接造成现实的危害结果，但是应当"预见"到其行为会造成危害结果，此时在刑法中也将此种"预见"评价为"明知"。诚如谭堃老师在论述中所提及的，"尽管我们认同故意的认识因素应当包括概括明知的情况，但是从故意的认识因素应当包括预见的应然立场出发，并不能直接推导出我国《刑法》将'预见'作为故意的认识因素,更无法推导出'明知'的内涵本身就包括'预见'在内"。将"预见"纳入"明知"的内涵,也使得《刑法》中对于"故意"的认定概念更为周全。

尊敬的各位专家、教授,在场的各位嘉宾,以上是我对谭堃老师报告中的个别观点的简单评述。谭堃老师的报告选题紧扣热点,逻辑齐缜严密,引据权威经典,聆听过程中着实让我回味无穷,受益匪浅。作为一名实务工作者,这篇报告又以众多典型案例作为论据,进一步拉近了实务工作者和学者之间的距离,不仅具有理论研究价值,更对实务工作具有指导意义。

在这里,感谢谭堃老师的无私分享,也感谢各位专家的耐心聆听,更要感谢西北政法大学给予我们这次交流的机会,以及本届论坛会务组的辛苦付出!欢迎各位对我的评议多提宝贵意见!谢谢大家!

主持人:王志远

感谢张靖波副院长的精彩评议,下面有请中国社会科学院大学法学院的方军副教授进行评议。

评议人:方 军

谭堃老师的报告《论故意中概括明知的司法认定》通过对司法解释和判决书的梳理得出我国的概括故意是指德日刑法理论中的不确定故意概念的结论,将讨论的重点集中在"概括明知"的认定上。报告人先否认了从"明知"或者"应当知道"这两个词语中推导出"概括明知"的可能性,并通过对《刑法》第 14 条的分析，得出故意的认识因素可以表示为"行为确知+结果确知"的确定明知和"行为确知+结果预知"的概括明知。在此基础上介绍了"概括明知"的判断基础和判断内容，并详细论证了"概括明知"案件的具体定性。全文重点突出，条理清晰，行文流畅，论述精彩。报告中的很多看法我都赞同，结合谭老师的报告，我主要想就两点谈点意见。

第一，关于我国《刑法》中的"明知"是否能够被解释为包括了"预见""可能知道"。谭老师的报告认为《刑法》第14条的"明知"不包括"预见""可能知道"，其中一个重要的理由或者参照系是我国台湾地区"刑法"第13条，该条规定："行为人对于构成犯罪之事实，明知并有意使其发生者，为故意。行为人对于构成犯罪之事实，预见其发生而其发生并不违背其本意者，以故意论。"该条明确区分了"明知"与"预见"，"明知"并不包括"预见"，因此，如果将大陆《刑法》中的"明知"解释为包括了"预见"不符合"明知"的文义。不过，这一结论可能值得讨论。首先，我国台湾地区"刑法"对"预见"和"明知"作了区分规定，逻辑上未必能够得出大陆《刑法》对于"明知"的解释也应当作如此理解的结论。其次，台湾地区"刑法"第13条规定了直接故意和间接故意两种情形，按照报告人的观点，大陆《刑法》第14条的"明知"不包括"可能知道""预见到"，而大陆《刑法》中的直接故意和间接故意都指"明知确定发生结果"，只是前者为希望、后者为放任，由此可能会人为地缩小间接故意的成立范围，甚至有架空间接故意的可能。事实上，如果一个人认识到自己的行为确定地会发生危害结果后仍然去做的话，此时在意志要素上可能已经难以认为其是放任，像朝确定有人在内的房屋放火，此时对于死亡的结果应该并非放任，而是希望。唯有在认识到不确定结果是否会发生，结果的发生仅具可能性时，行为人为了追求其他目的仍不惜代价去实施行为，最后导致结果发生的，才能被认定为间接故意。最后，尽管大陆《刑法》对故意与过失的定义分别使用了"明知"与"预见"，似乎"明知"不包括"预见"，而一般人也认为故意和过失成立互斥关系，但这样在碰到事实存疑等问题时会产生可罚性漏洞，"就整体法律体系适用的结论而言，最后以故意犯罪论罪科刑的，必然不会再被以过失犯罪论罪科刑，但是这样的结论并不等于逻辑关系上故意与过失就是互相排斥的概念，甚至是不同的犯罪结构类型"。实际上，故意与过失的关系并非非此即彼的互斥关系，而是包容关系。由此看来，在规范上，存在将"明知"解释为包含了"预见"的空间，也应当将"明知"解释为包含了"预见"。

第二，在对行为对象的"概括明知"的判断上，报告认为对行为对象的认识只要能够判断出行为的社会危害性就够了，对行为对象的明知，并非对物品到底是什么的明知，而是对物品所彰显的规范属性的明知。在运输制毒原料的过程中，当行为人明知其所运输的物品属于违禁品，也即"最起码知道其所携带的是不正常、不合法的物品"，就已经认识到了其行为的规范禁止性。至于具体案件中客观上到底运输的是枪支还是毒品，皆在行为人"概括明知"的范围之内，仍然可以认定其主观上存在故意。但这一论断有违背责任主义的嫌疑。刑法通过向规制对象提供行为规范的指引来实现犯罪预防的一般效果，只有当明确知道行为符合某罪的构成要件时，行为人才可能产生损害法益或违反行为规范的法敌对意志；相反，即便行为人有违反刑法的意识，但未清楚认识到其行为指向某罪名保护的对象，就不能认为其具备相应的犯罪故意。对于非法运输枪支罪和运输毒品罪这类横跨不同构成要件的违禁品犯罪来说，如果要求行为人仅认识到自己运输的行为对象是违禁品即为足已，而不论认识到具体的物品属性究竟是毒品还是枪支，就都满足了概括故意的要求而成立犯罪，则可能模糊了不同构成要件之间的规范界限，有违犯罪故意认识的基本原理。

以上意见未必正确，仅供参考。不当之处，请多指正。

主持人：王志远

感谢方军副教授的评议，大家的发言对于我们进一步的研究具有深厚的启发意义，让我们欢迎最后一位评议人，来自上海政法学院刑事司法学院的王娜副教授。

评议人：王　娜

非常感谢车浩教授，感谢中国刑法学研究会，感谢玉明教授和西北政法大学的团队。今天，在这里跟大家分享一下我对谭堃老师的报告的一些基本看法。

报告的亮点是"三次超越"，此外还有两点值得商榷的地方，和一点可以引发我们拓展思考的地方。报告内容主要有两大特征：一是挖掘实务资源，改造外国理论，重构中国刑法中故意的认识因素，解决中国司法实务问题；二是报告思路表现为理论与司法实务相互交织、渐次深入，大胆地创造新观点，体现了报告人坚守理论服务司法实务的情怀和原则。

报告中的"三次超越"主要体现为哪三次呢？

谭堃老师提出"概括明知"来自德日刑法理论中"不确定故意"这一固有概念，然后在对"不确定故意"进行分类的基础上与中国司法实务中使用的"概括故意"这一概念进行比较，完成了中国司法实务和德日刑法理论概念之间的区分和对接。在这个基础之上，他通过对有没有必要区分"概括故意""择一故意"和"未必故意"的理论争议的梳理，论证了我国司法实务当中以"概括故意"的概念指称"不确定故意"的所有情况是正当的，所以这是他的第一次超越。这次超越完成了中国"概括故意=不确定故意"的正当化论证，引入了中国司法实务的内容，实现了对德日刑法理论基本概念的超越，从而引出了他的核心主题词——"概括明知"。并在这个基础之上与我国司法实践保持一致，使得在"不确定故意"的层面上使用"概括故意"的概念就包括了所有在主观上存在不确定认识的情况。

在完成概念界定之后，报告又聚焦中国司法实务中"概括明知"的认定分析，从解决司法实务分析的需要出发，引出寻求"概括明知"规范定义的必要性，为报告人改造《刑法》第14条故意的认识因素的意图的实现铺平了道路。报告在第二部分先点出了其所要分析的问题：《刑法》第14条关于"明知"的传统界定。然后在这个基础之上，报告人提出了重构故意的认识因素的思路，指出可以将故意的认识因素进一步划分为"行为确知+结果确知"的确定明知和"行为确知+结果预知"的概括明知两种类型。在这个基础之上,报告人引入中国司法实务的内容,实现了第二次理论超越,也就是对《刑法》第 14 条故意的认识因素的传统解读的超越,通过创新观点来解读中国的立法规定。

在报告的第三部分"'概括明知'的判断构造"和第四部分"'概括明知'案件的具体定性"中,报告人展开归责分析,印证了理论观点和判断构造的切实可行性和服务司法实务的价值,至此实现了理论服务司法实务的第三次超越,体现了报告人坚守理论服务司法实务的原则。

有关值得商榷的两个观点,其实前面的评议人也提到了这两个观点。第一个是关于"概括故意"如何与间接故意进行区分。在我看来,谭老师在此时此刻没有必要用故意杀人罪的未遂进行评价了,因为它完全可以被间接故意的容认的内容囊括。如果发生结果或者不发生结果都在故意的容认范围之内,那么没有发生结果当然也就不需要进行谴责性的评价。第二个是关于"明知"和"预见"的关系,刚才方老师也提到了。关于"明知"和"预见"的关系,谭老师坚持"明知"和"预见"是一组对立的关系,"明知"不包括"预见"。在我看来,无论是根据中国台湾地区的"刑法"规定还是大陆《刑法》的规定,"明知"和"预见"之间的逻辑关系都有三种:第一种逻辑关系是"明知"和"预见"相互分离,范围相对独立;第二种逻辑关系是"明知"包括"预见";第三种逻辑关系是"预见"包括"明知"。只有把这三种逻辑关系进行全面透彻的比较分析以后,我们才能判断出哪种逻辑关系能更可靠得出确定的结论。但是在这一部分中，我没看到谭老师对这三种逻辑关系进行全面的比较分析，他只点出了一种。他认为"明知"不包括"预见"，但是他在对《刑法》第 14 条故意的认识因素进行解构和重构时又提出"行为确知+结果预知"应被囊括在第 14 条的故意的认识因素的范畴，同时他引入了另外一个概念，就是"预知"。那么我的问题是：既然"明知"不包括"预见"，何以又将"预知"一词融入《刑法》第 14 条故意的认识因素呢？对于这个问题我也需要在后一步的研究当中探寻一个更清楚的答案。

最后，报告引发大家思考的一点，就是谭老师提出重构《刑法》中故意的认识因素的思路在人工智能时代是必要的。在人工智能时代，我们需要提到人的自由选择能力提升了还是降低了？它涉及人和工具的关系、人和人的关系。这一问题的提出背景是 2023 年 10 月 18 日，在第三届"一带一路"国际合作高峰论坛上，我国提出《全球人工智能治理倡议》，强调坚持"以人为本"的原则；2023 年 11 月 1 日，在全球人工智能安全峰会上我国签署了《布莱切利宣言》，明确提出人工智能的威胁已经从单纯的物理冲突变为高精的技术挑战，而高精的技术挑战实质上就是对机器的智能会超过人类的一种担忧。那么在这样的背景下，在我们的工具可以超越我们自身的情况下，我们的认识能力和自由选择能力到底会在刑法领域产生什么样的影响是一个值得我们去思考的问题。有人提出，在人工智能时代，人的肉身无处安放。在我们的思维、认识、意志可以通过智能、数字实现信息全球化流动的情况下，人类的认识能力和自由选择能力的边界会在哪里？我认为这是人工智能时代面临的风险，也是一个值得我们刑法学界思考的问题。

谢谢大家的聆听！

主持人：王志远

非常感谢王娜副教授，非常准时！下面我把这个主持的任务交给自由讨论环节的主持人——华东师范大学法学院的钱叶六教授和华侨大学法学院的吴情树副教授。有请！

三、自由讨论

主持人：钱叶六

"明知"是故意的构成要件要素，对故意的认定非常重要，它不仅关系到故意犯罪与过失犯罪的界限，有时候也会关系到罪与非罪的界限，所以对这个问题的研讨具有极为重要的理论意义，同时也具有重要的实践价值。

通过报告人的报告和六位评议人的评议，我发现，七位学者对以下问题存在较大的争议。第一个问题："明知"包不包括应当知道，也就是我们说的推定，甚至说"明知"包不包括"预见"。第二个问题：在对行为对象的"概括明知"上，谭堃老师特别提到运输毒品犯罪中的"概括明知"问题，要不要对行为的对象有具体的认识，按照谭堃老师的意见，只要认识到行为具有社会危害性，只要认识到是危险物品、违禁物品就能认定故意，对此，有评议者提出不同意见。第三个问题：在谭堃老师提供的案例,"郑铭东等故意伤害案"中,谭堃老师认为犯罪人构成故意杀人罪未遂和故意伤害罪既遂的想象竞合犯,而丁胜明老师认为构成故意杀人罪未遂,张靖波律师认为构成故意伤害罪的既遂,由此产生了三种理解。我想下面的自由发言,可以聚焦这三个问题,当然也不限于这三个问题进行发言。下面有请朱良双检察官发言。

发言人:朱良双

我是朱良双,担任原阳县人民检察院副检察长一职。关于谭副教授的报告,我有以下两点看法。

第一,我认为这篇报告具有"爆款"潜质。其论证简洁明了,易于理解和应用,非常适合在律师训练营或公诉人的辩论赛中引用。以我们检察院为例,每年处理的案件数量庞大,其中不乏一些复杂且难以界定的案件。比如,一个简单的偷手机行为,我们却需要仔细分辨行为人偷的是手机本身,还是手机中的微信账户余额,抑或绑定的银行卡。这种复杂性往往超出了普通群众的理解范围。而谭副教授的报告为我们提供了一种简洁明了的论证方式,有助于我们更好地理解和处理这类案件。

第二,虽然我在毒品问题的立场上赞同谭副教授的观点,但在"郑铭东等故意伤害案"上,我持有不同意见。这主要涉及推定"明知"的问题。谭副教授在报告中引用的司法解释,都是今年新出台的,反映了法律在适应社会生活变化方面的努力。比如"概括明知"和推论等概念,都是基于客观生活的影响而提出的。以"断卡行动"为例,帮信罪的易定性很大程度上得益于我们广泛的宣传和司法解释的推定作用。由于我们已经进行了大量的宣传，告诉人们不要将卡借给别人，因此在法律实践中，我们可以直接推定行为人知道这一规定。甚至在今年最新的意见中，我们已经不再需要考虑行为人是否知道对方是诈骗还是开设赌场等具体行为，只要行为人实施了相关行为，就认定为"明知"。类似地，在危险驾驶等案件中，我们也采用了类似的推定方式。比如，对于12岁以下的女孩，我们一概推定她们"明知"某些行为的危险性，因为我们很难保护她们免受伤害，所以只能通过推定"明知"来强迫行为人对自己的行为多做一步思考。

以上是我的发言，谢谢大家。

主持人：钱叶六

谢谢！下面请李兰英老师发言。

发言人：李兰英

我的博士学位论文是关于间接故意的研究，在2004年也算最早专门研究间接故意的文章。我刚刚注意到，谭老师引用的文献当中没有我的论文，可见我当时的观点可能落后了。理论在不断地进步，思维在不断地发展。

关于"概括故意"。早在2016年发生的复旦大学投毒案件，我当时认为这个案件可以运用"概括故意"。在众多的司法部门的讲座当中，我用"概括故意"解读了在复旦大学投毒案件中对林森浩主观故意的分析，当时我的结论就是林森浩的主观故意方面是"概括故意"，他不是直接故意也不是间接故意。而且正是因为他是"概括故意",所以我当时认为,他完全可以避免死刑立即执行的结局,如果当时他的律师以我提出的"概括故意"作为辩护意见,可能会得到审判人员的认同,更可能会改变他的死刑立即执行的结果。具体的推论我就不用说了,我只想说,"概括故意"这个理论实际上可以在实践中的很多判决中予以适用。在2016年发生复旦大学的投毒案时,如果我们已经把这个理论挖掘、运用到实践当中,也许它对当时的定罪量刑会产生非常重要的作用,关于这方面,我就不过多论述了。谢谢!

主持人:钱叶六

谢谢李老师。今天参会的实务代表近60位,在谭堃老师的报告中,包括该主题的六位评议人的评议中都涉及相关案例,看看实务界代表有没有谁需要发言。欢迎喻海松处长发言。

发言人:喻海松

我来自最高人民法院研究室刑事处,今天回到母校,要感谢西北政法大学给我这样一个非常难得的学习机会。谭堃老师的这篇报告,紧密贴近司法实务中的一些案例,论证清晰。在评议意见这一块,我比较赞同西南政法大学法学院的丁胜明教授的意见,报告有两点是需要进行商榷的:一是,它没有区分规范构成要素与事实认定要素,故意之中的违法性认识与事实判断要素应当有所差异。二是,在认识要素方面,我认为今天大家都走了一个极端,把"明知"要么理解为确知,要么理解为可能知道。但是我一直认为"明知"应当是盖然性的认知,除了确知,它不应当是一个可能性的认知。刚刚朱检提到了"两卡"案件,大家都知道《刑法修正案(九)》增加了帮信罪,那么在帮信罪的早期,以车浩教授为代表的一大批刑法学者提出了所谓中立的帮助行为,这个概念在中国语境之下是值得商榷的。在德国刑法中确实有中立的帮助行为的概念,那么其根据在哪里?在于我们对于主观"明知"的认知,只要你不把主观"明知"理解为泛化的可能性的认知,一切问题都可以解决。对于从境外打进来的诈骗电话,它一定要通过三大运营商打进来,运营商是否知道其运营线路可能用于电信网络诈骗?答案是一定知道,但是这样一个泛化的可能性认知肯定不能被用来认定帮信罪中的"明知",但是在"两卡"案件中,你把卡提供出去,在正常情况之下,帮人转账、帮人取钱,对方不会给你10%的手续费。他就算有这样的行为,实际上我无法确知他的钱的来源,但我至少有这样一个盖然性的认知,正常人不会这么干,所以它肯定不是一个好事。但是在主客观因素相结合的原则之下,恐怕不能讲一定是客观归罪,而且在实践之中,如果要求确知,将无法办完所有的案件,这是一个疑点。我认为明知是在盖然性之下的一个推定,其作为可能性的一个认知,应当是一个盖然性的认知。在司法实践中,一些司法解释和相关规定对帮信罪、"两卡"案件都遵循了盖然性认知的思路。

以上,谢谢大家!

主持人:钱叶六

感谢喻处长!我特别注意到,这次参会的有云南省昆明市官渡区人民检察院的几位实务人员，他们专程从昆明远赴而来。我刚刚导航了一下，有1500多公里，还是要特别感谢大家对本届论坛的支持。接下来有请陈育检察官发言。

发言人：陈 育

先感谢各位老师、各位领导给我们搭建的平台，我们与车浩教授是机缘巧合相识，之后多次邀请他对我们的案件提出专家意见。这样的千里奔赴，非常的值得。我也非常赞同刚刚各位领导、学者发表的意见。刚刚的讨论中都提到了和我们实务部门的案件有关联度的理论问题。其实关于概括性的主观认知等问题，我们实务界人员在很多年前就已经在不同案件中予以适用了，尤其在昆明这个特殊的地方，比如，毒品案件的认定，当时的《昆明会议纪要》颠覆了《大连会议纪要》的决定。对此我只想说三点。

第一点，我们昆明的检察院非常特殊，刚刚和苑检（苑伟检察官）交流了一下，我终于找到了和我们案件体量一样的检察院，我所在的检察院只有33个检察官，但是我们去年却办理了涉及6300多人的刑事案件，这样的体量和西安市雁塔区检察院很一致。其实对一个司法实务工作者来说，理论与实务结合是刚需。我带着我院最年轻的检察官和主要部门的负责人来到这里，就是想获得一个加持。主观"明知"的认定在我们每一个案件中都会发生，就像这两天发生的比较火的关于边境的"缅北诈骗集团案"，目前已经有几百人被移交到了我们检察院。对每一个案件中的每一个当事人的主观"明知"的推定，不仅是罪与非罪的问题，而且已经上升到国家政治的高度。

第二点，主观明知理论的重要性决定了我们在执法过程当中，应当更审慎、更规范地运用这个理论。我刚刚和苑检讨论了实践中的一个问题，就是在不同类型的案件中，对于主观的概括性的故意应该有一个分层次和更规范的指引。比如，相较于毒品案件，"两卡"案件的标准就要低些，因为该类案件的很多证据是不可逆的，此时若再用一个更高的标准或者更深奥的理论去支撑，那么对国家整个治理体系将是一个重大的打击。但是对于轻微刑事案件，如果扩大"概括明知"的推断范围，就会让很多普通的民众归罪，比如，刚刚提到的是否"明知"驾驶机动车的案件。几乎每个月都有相似的案件移送到我们检察院，我们采取了更审慎的态度，避免扩大"概括明知"的推断范围。

第三点，作为司法实践者，如何审慎地、分层次地运用这个理论工具。对此，希望在座的理论界专家、学者给我们更多的支援和指引。来之前我向区委书记报告此次行程，我们区委书记给我发了一句话，他说你能不能请理论界的学者给我们一些有"烟火气"的支撑。诚然，理论与实务之间存在较大差距，但我仍希望实务工作者在繁重的案件压力下，不失探究理论、追求正义的初心。

主持人：钱叶六

感谢陈检，也期待实务界的代表继续支持全国青年刑法学者实务论坛。我就刚刚陈检的三个问题谈一下结论性的观点。第一，"明知"应当包括推定知道，刚才喻海松处长说的盖然性

"明知"和综合案例客观事实来判定是否"明知",固定形式是确知,当然不能包括可能知道。第二,运输毒品罪中的对象认识,一定要认识到是毒品,但不要求认识到是什么毒品,也不能说只要是违禁物品就可以定罪。第三,在"郑铭东等故意伤害案"中,邮寄具有致人死亡危险的爆炸物的行为,显然是一个故意杀人行为,应该定故意杀人罪。

主持人:吴情树

感谢车浩老师给我这个机会,我就简单说一下"明知"的问题。在司法实践里面,"明知"是比较难以认定的。福建有个地方叫长汀,长汀长期贩卖、制造毒品,尤其是贩卖麻黄碱。很多案件当中,在检察官讯问时,嫌疑人会辩解其不知道是在制毒,因此,之后当地政法委书记做了一个举措,当地采取挨家挨户宣传的方式,告知大家麻黄碱是制造毒品的原料,严禁制卖,这在实务中降低了控方及公安机关的举证责任。由此说明在司法实践中"明知"的认定主要依靠推定。下面有请谭鹏专委发言。

发言人:谭 鹏

我在主持第一场报告的时候提过一个问题:一个行为,如醉驾,可能导致不同的结果出现,实践中有通过考察行为结果的严重性来定不同的罪名的情况。那么,如果用谭堃老师给出的定义,能不能对我刚才说的这种情况进行判断?比如,如果没有危害结果发生,我们一般按危险驾驶罪来处理;如果出现了不是非常严重的法定结果,我们一般按照交通肇事罪来处理。但无论是危险驾驶罪还是交通肇事罪,基本都是按照过失来处理的。然而,如果在这个过程中出现了非常严重的后果,按照法律和司法解释的规定,先造成了一般事故,然后又造成了重大事故,这种情况应按以危险方法危害公共安全罪来处理。但是在实践过程中我们该怎么样判断?也就是说,这里是不是还存在一个问题,就是在行为的发展过程中是不是还存在一个考虑行为人的辨认能力和控制能力的问题。因为醉酒肯定会影响行为人的辨认能力和控制能力,而这部分又牵涉刑事责任能力的问题。针对这部分怎样去判断?我们该怎么解决这样的问题?这是我向谭堃老师提的一个问题。

主持人:吴情树

下面请谭堃老师回应一下。

报告人:谭　堃

针对刚刚的几个问题,我整体回应一下。第一个是我刚才讲的关于机动车辆的问题。我不知道这里是不是有笔误。在我举的那个案件当中,行为人并不知道自己买的电动车就是超标电动车,可是判决书里完全没有提到这一点,直接把他的行为认定为故意犯罪。因此,实际上是他对事实有没有认识的问题,而不是他有没有认识到超标电动车违不违法的问题。所以,实际上可能有一些误解,我并没有混淆违法性认识和事实认识。第二个是关于行为的社会危害性程度的认识的问题。实际上我讲的是对事实的认识达到什么程度就可以认定行为人有"明知",而不是说行为人的认识内容需要包含违法性认识,所以对这个问题我需要澄清一下。至于毒品类案件,我也知道可能我的研究走得比较远,这实际上是由一个现实的案件改编过来的。对这个问题可能还需要再讨论,因为理论上对这个问题还是有争议的,也有观点认为实际上不需要认识到对象是毒品。至于刚刚讲的关于爆炸物的案件,这里需要界分清楚。"间接故意""概括明知""概括故意"是不能画等号的,因为我认为在某些"概括故意"的案件当中,行为人有可能是直接故意。所以在刚刚讲的爆炸物案件当中,我个人认为行为人实际上是直接故意,而不是间接故意。所以我们在探讨"概括故意"和"概括明知"的时候,要先界分清楚这两个概念,它们是不一样的。谭鹏专委刚刚讲的关于对实际上没有发生危害结果的情况如何进行认定的问题,我好像还没有思考明白。

主持人:吴情树

请谭鹏专委回应。

发言人:谭　鹏

假如情况比较严重,先发生了一个一般事故,又发生了一个导致两个人死亡的重大事故,按照陈兴良教授的观点,行为人先前的行为已经造成了一次事故,如果第二次又造成严重事故,那么通过这种现象就可以判断出行为人的故意就是直接故意。但是在实践过程中,案子可能不完全跟这个一样。现实存在的案例可能是前面出现了一个大事故,后面因为行为人已经"断片"了,没有认识到事故的发生,其继续开车,又发生了追尾事故,他同样也没认识到,直到最后人家超车把他拦下来,他才认识到事故的发生。这种情况跟陈兴良教授说的前面发生了一个一般事故,后面发生了一个重大事故的情况正好相反。那么我们的分歧点在哪里呢?基于"概括故意",行为人明确知道自己醉酒会导致出现扰乱公共秩序的情况,如导致发生伤人的情况,可能伤一个人,也可能伤十个人,这些情况都在行为人"概括故意"的范围内。但是,这两种情况显然不同。如果出现伤十个人这种大面积伤亡的情况,是不是就要用重罪来进行处罚?实践过程中,案件承办人会不会如此考虑?从理论上来讲,若按照您刚才说的这个理论,能不能解决上述问题?而在这个问题当中,又要考虑到醉酒的特殊性。因上述情况是在非清醒情况下发生的,它还涉及需要根据事实对辨认能力和控制能力进行判断的问题。如果行为人压根连辨认能力都没有,则这就是一个过失犯罪,那此情况下该如何认定行为人主观上具有故意呢?

第二单元

非法占有目的的认定

第三场
报　告

主持人：王　充（吉林大学法学院副院长、教授，《当代法学》副主编）

　　　　李　强（中国社会科学院法学研究所副研究员、《法学研究》编辑）

　　　　喻海松（最高人民法院研究室刑事处处长）

报告人：陈少青（对外经济贸易大学法学院副教授）

评议人：吴亚安（上海市松江区人民法院二级法官）

　　　　王　琦（中共中央党校党的建设教研部讲师）

　　　　高颖文（重庆大学法学院讲师）

　　　　马寅翔（华东政法大学刑事法学院教授）

　　　　黄　海（陕西省人民检察院检察委员会委员、第四检察部主任）

一、报告

主持人：王　充

　　欢迎大家回到本届青年刑法学者实务论坛的会场，开始我们第二天的会议议程。很荣幸担任这一环节的主持人，今天的第一位报告人是我们的青年才俊，来自对外经济贸易大学法学院的陈少青副教授，他报告的题目是《非法占有目的之概念厘清、内涵与判断路径》。欢迎。

报告人：陈少青
非法占有目的之概念厘清、内涵与判断路径

我今天报告的题目是《非法占有目的之概念厘清、内涵与判断路径》。

在我国，理论界和实务界对于非法占有目的有不同的理解且尚未达成共识。早期的传统观点认为，非法占有目的属于犯罪故意的一部分，主观目的独立存在的意义被消解；之后，传统观点将非法占有目的定义为以将公私财物非法转为自己或者第三者不法所有为目的，但对于其含义及在构成要件中所起的作用未能给出更为清晰、明确的界定。随着德日刑法理论的不断引入，部分学者将非法占有目的直接等同于德日财产犯罪中的主观目的——不法领得意思，德日刑法中的不法领得意思与我国刑法的非法占有目的在相当大的程度上被混用。在我国司法实践中，关于非法占有目的的认定主要集中在诈骗罪领域，这其中又主要表现为两点：一是关于非法占有目的的司法解释，如2001年《全国法院审理金融犯罪案件工作座谈会纪要》、2022年修正的《最高人民法院关于审理非法集资刑事案件具体应用法律若干问题的解释》等文件，这些司法解释针对金融诈骗罪中的非法占有目的的认定方法与典型情形予以了详细规定；二是非法占有目的的欠缺已经成为最为重要的否定诈骗罪的辩护事由，控辩双方往往围绕非法

占有目的之有无而展开激烈争论，非法占有目的作为一种主观心理态度，对其的认定一直是司法实务中的难点。个人认为，不法领得意思在德日刑法理论中的存在价值与"区分式"的立法模式密切相关，而我国"一元式"的刑事立法模式难以衍生出德日语境下的不法领得意思；直接将不法领得意思与非法占有目的相混同是缺乏理论依据的，因此对于非法占有目的必须进行"本土化"诠释。以刑民界分为视角，非法占有目的的外部特征表现为主观目的与客观的民事救济可能性密切相关，由此应当将非法占有目的的内涵界定为"永久性地占有他人财物的意思"，在具体判断时，需采取主观目的客观化的路径，通过确定被害人是否陷入失去民事救济的高度危险来认定非法占有目的的有无。

关于不法领得意思在我国是否有存在的必要，需要进行探究与解构。德日本身的立法存在差异，二者对不法领得意思的具体理解亦存有不同，德国刑法在侵犯所有权的犯罪中明文规定了不法领得意思，相关犯罪的成立要求对所有权这一形式性的法律地位予以全面侵夺，即行为人将权利人长时间从其地位上排除，意图如所有人那样行使支配权。日本刑法则没有规定不法领得意思，判例与学理在阐释不法领得意思时，不以排除所有权为必要，即便在承认权利人所有权的场合也能认定排除意思。不法领得意思之所以必要，是因为它填补了"取得占有与法益侵害之间的间隙"，以确保主观目的与客观的法益侵害程度相呼应。在处理"取得占有与法益侵害之间错位"的问题上，德日刑法学者的观点虽然因立法不同而有所差异，但整体思路主要都是在不法领得意思的领域内通过区分财物与财物价值，并主要将后者纳入法益侵害程度的认定当中，形成"财物——取得占有——犯罪故意"与"财物价值——法益侵害——不法领得意思"的双轨式判断。

在不法领得意思项下，德日刑法理论对"财物"与"财物价值"进行区分，从而在维系取得占有作为犯罪既遂时点的同时，能够合理判断法益侵害的程度，这一做法的源头来自德日所采取的"区分式"的立法模式。但与德日所不同的是，我国刑法采取了"一元式"立法模式，从占有转移与财产损失、"财物价值"属于"财产"两个方面展开，作为行为对象的"财产"涵盖财物与财产性利益，"财物价值"是其重要的组成部分；占有转移在构成要件中的地位被大幅弱化，财产损失成为犯罪认定的重心，财产损失的发生既是犯罪的既遂时点也是法益侵害的发生时点，财产损失的数额是衡量法益侵害程度的核心要素，这种立法模式并不会面临德日刑法中的错位问题。因此，不法领得意思在我国刑法体系中并无存在的必要。

事实上，非法占有目的与不法领得意思之间有着明显不同，对于非法占有目的之要件，应当根据我国刑法及相关司法解释进行"本土化"诠释，以明确我国刑法中非法占有目的的特征与内涵。首先，非法占有目的与不法领得意思在内涵与外在的表现形式上均有较大差异。第一，在德日刑法中，不法领得意思的规定主要是为了解决盗窃与一时使用、毁弃等行为的区分问题，但在我国刑法中，非法占有目的的认定是为了实现刑民的合理界分。我国刑法将财产犯罪的认定重心置于被害人的财产损失，并明文规定了盗窃、诈骗、敲诈勒索等各种侵犯财产的行为方式，但与此同时，民法对行为人以欺诈、胁迫等手段致使相对人遭受财产损失的情形也予以规定，那么仅从形式上通过行为手段与损害结果不能实现刑民界分，反而可能导致财产犯罪的范围不当扩大。为了消弭这一隐忧，需要通过附加非法占有目的这一要件，实现刑民的合理界分。第二，我国非法占有目的的适用领域以诈骗罪为中心，并延伸至其他财产犯罪，而在德日刑法理论中，不法领得意思是以盗窃罪为原型，重点讨论盗窃罪的处罚范围。在财产犯罪中，我国刑法只在特殊诈骗罪中明文规定了非法占有目的，这说明在立法层面非法占有目的与诈骗罪紧密相关。不仅如此，司法实践中的非法占有目的的认定同样围绕诈骗罪展开。对于非法占有目的的规定如上文所提到的司法解释等文件，也主要围绕金融诈骗罪展开对非法占有目的的认定。因此无论是在立法层面还是在司法层面，我国刑法中的非法占有目的的适用领域均以诈骗罪为中心。

非法占有目的是财产犯罪的共通要件，对这一概念的讨论以诈骗罪为原型，并集中规定在集资诈骗罪、合同诈骗罪等特殊诈骗罪的相关规范性文件中。在特殊诈骗罪如集资诈骗罪、信用卡诈骗罪中，对于非法占有目的的认定，司法解释主张应当结合多种具体情节进行综合判断。司法解释对非法占有目的的此种推定使得实践中出现了在行为人不具有履行能力与履行意愿，致使被害人基本丧失了获得民事救济的可能性，即便通过民事诉讼等手段也难以挽回财产损失时，方可认定其具有非法占有目的，主观的非法占有目的与客观的民事救济可能性密切相关的情况。既然非法占有目的的认定最为重要的意义是区分民事欺诈与刑事诈骗，立法者认为前者不具有非法占有目的，行为人只是由于客观原因，一时无法偿还，而后者具有非法占有目的，行为人根本不打算偿还，这里的"根本"是指无论被害人采取何种刑法之外的手段，行为人都不会履行。因此，构成诈骗罪的行为应当是不能通过民事途径进行救济的行为；而欺骗行为尚不严重，不影响被骗人通过民事途径进行救济的，不宜轻易认定为诈骗犯罪。例如，《刑事审判参考》第122集收录的第1342号指导案例指出，非法占有目的的认定要着重考虑被骗人能否通过民事途径进行救济。

根据我国相关司法解释与指导性案例，非法占有目的与被害人的民事救济可能性密切相关，被害人基本丧失民事救济可能性昭示着行为人试图永久占有财物的主观意愿，同时非法占有目的的内涵为"永久性占有他人财物的意思"，这一点可以在挪用公款罪与贪污罪的区分上得到印证。此外，对于永久性的判断，应当以被害人丧失民事救济可能性为标准，而这与侵占罪中的"非法占为己有"的规定相契合。若将上述思路进一步扩展到整个财产犯罪领域，非法占有目的的认定就成为必要，为了合理限定财产犯罪的成立范围，首先基于意思自治原则通过协商或其他民事救济等手段来解决财产犯罪问题，只有在该手段失效的场合，被害人难以通过民事救济来保护其财产权益时，才将该财产犯罪问题纳入刑法规制的范畴。与之相对，在盗窃罪、抢劫罪等其他犯罪中，被害人遭受财产损失后，行为人或逃之夭夭，或胁迫被害人以致其不敢寻求民事救济，在行为人以盗窃、抢劫等手段取得财物的场合，被害人就基本丧失了民事救济的可能，故直接将其纳入刑法的保护范围。

从民事救济可能性的基本丧失这一外在特征出发，可以进一步挖掘非法占有目的的内在含义。具体而言，民事救济可能性的基本丧失既是对被害人财产损失状态的客观描绘，也是对行为人非法占有被害人财产状态的事实陈述；与呈现此特征的客观不法相呼应，在主观责任层面，行为人试图阻断被害人通过民事救济手段来保护财产权益的可能性，从而实现对财产的永久占有。因此，被害人基本丧失民事救济可能性昭示着非法占有目的蕴含行为人试图永久占有财物的主观意愿。事实上，"永久性占有"本身就是刑法条文赋予非法占有目的的应有之义，非法占有目的的内涵是"永久占有他人财物的意思"，这与通过民事救济可能性的外在特征所推导出的目的内涵相互印证，并可以将"是否失去民事救济可能性"作为判断"永久性"的标准。财物最终被返还的途径不同预示着永久性占有之主观意愿存在强弱之分，具体可以分为三种情形：行为人主观上意图永久占有他人财物，①只要被害人采取私下沟通（如由双方相熟的朋友进行调解）等方式，行为人就同意返还财物；②在前述情形下，拒绝返还财物，此时被害人通过民事诉讼、仲裁等方式，行为人被迫返还财物；③在前述两种情形下，都不会向被害人返还财物，被害人最终只能通过刑事手段以追缴返还的方式取回财物。在上述三种情形中，行为人为财物返还设置的障碍越多，说明永久性占有财物的主观意愿越强，只有在永久性占有之主观意愿最强的情形③的场合，才满足财产犯罪所要求的永久性，而前两种都属于民事纠纷范畴。

最后，应当明确非法占有目的的判断路径。判断行为人的

"非法占有目的"应当采取主观目的客观化的判断路径。在目的犯中，仅单纯地存在主观目的是不够的，只有当客观上具有目的实现危险性时，才具备作为目的犯的可罚性，主观目的应当通过目的实现危险性这一客观要件加以限定，影响法益侵害的主观目的在客观方面形成"目的实现危险性——法益侵害危险性"的对应关系。从这一意义上讲，目的犯为危险犯，虽然目的实现不是犯罪成立要件，但"目的实现危险性"属于构成要件要素。在财产犯罪领域，不法领得意思作为主观目的也应当与"目的实现危险性"或"法益侵害危险性"相呼应，排除意思在客观层面表现为法益侵害的危险。排除意思为可罚的法益侵害之危险奠定基础，行为人基于侵害相当程度的利用可能性的意思，客观上达到可罚的法益侵害的危险，则肯定排除意思的存在，而排除意思的作为可罚性的判断基准要从客观的利用必要性之程度、预计妨害使用或利用的时间、物的价值等进行考虑。与之类似，同为财产犯罪主观目的的非法占有目的也应从客观层面的"目的实现危险性"或"法益侵害危险性"予以把握。脱离目的在客观层面"映射"出的危险，单纯从主观层面认定非法占有目的，很难具有可操作性，况且如果目的本身在现实中根本不具有实现可能性，即便行为人确有该目的，也难以转化为法益侵害的客观危险，不能达到值得刑罚处罚的违法程度。非法占有目的要求行为人意图排除被害人获得民事救济的可能性，从而达到永久性占有的目的，这在客观层面表现为该"目的实现危险性"，即"被害人对于行为人占有的财物，陷入失去民事救济的高度危险"。财产犯罪的主观目的与客观上具有失去民事救济的危险的目的的实现危险性之间产生紧密的逻辑关联。

由此产生的新问题是,如何对"陷入失去民事救济的高度危险"进行具体认定。我国对于非法占有目的判断暗合了主观目的客观化之路径,司法者在对非法占有目的进行具体分析时,一般关注"在行为人客观上实施了欺诈行为导致被害人资金重大损失的情况下,资金的具体用途与流向,行为人事后的态度及其实施的关联行为"等,基于这些要素推定非法占有目的的有无。这种推定存在逻辑上的跳跃,通过综合考量行为人的经济状况、资金用途及行为人事后的态度等要素,与其说是推定非法占有目的的有无,不如说是推定行为时被害人是否陷入失去民事救济的高度危险,并由该危险进一步认定主观目的的有无。在盗窃罪、抢劫罪等夺取类犯罪中,被害人因无法寻找到行为人或受行为人胁迫而不敢寻求民事救济,已经陷入失去民事救济的高度危险,所以在此类罪名中,行为人具有非法占有目的基本上是不存在争议的。真正成为难题的是诈骗罪中的非法占有目的的判断。诈骗罪中被害人是否具有民事救济的可能性主要取决于行为人的债务履行情况,此时需要从履行能力与履行意愿两个方面进行把握。当前司法解释相关规定中用于推定非法占有目的的情形呈现共同的特征:行为人不具有履行能力与履行意愿。关于行为人的履行能力与履行意愿,包含四种情形,即有履行能力且有履行意愿、无履行能力且无履行意愿、有履行能力但无履行意愿及无履行能力但有履行意愿。对于前两种情形而言,行为人是否具有非法占有目的并无争议:若有履行能力且有履行意愿,则无非法占有目的;若无履行能力且无履行意愿,则有非法占有目的。对于后两种情况,当行为人有履行能力但无履行意愿时,如果行为人虽表面拒绝履行,但仍为被害人留有民事救济的空间,后者通过民事诉讼等手段能够获得充分救济,则行为人并非"根本"不愿意履行,此时因欠缺不予履行的"根本性"要件,否定具有非法占有目的;反之,如果行为人欠缺履行意愿达到"根本性"程度,如行为人获取资金后逃匿,拒不交代资金去向,抽逃、转移资金,隐匿财产等,被害人通过任何民事手段都难以获得民事救济,则肯定具有非法占有目的。当行为人无履行能力但有履行意愿时,即便履行意愿强烈,但行为人的经济状况致其根本性地丧失履行的可能性时,被害人不可能获得充分有效的民事救济,此时行为人的积极履行只不过是其主观上的一厢情愿,完全无法改变被害人失去民事救济可能性的客观困境,故应当肯定其具有非法占有目的。因此,非法占有目的的成立要求履行能力与履行意愿两者中至少之一达到"根本性"欠缺的程度——根本没有履行能力或根本不愿履行,导致被害人陷入失去民事救济的高度危险。无论是非法占有目的,还是目的实现客观危险,都以犯罪既遂为判断时点,当行为人非法取得被害人财物时,被害人陷入失去民事救济的高度危险之中,这一点必须与被害人事后的实际救济状况相区分。

在对上述两者是否达到"根本性"欠缺的程度进行具体判断时应当注意以下几点。首先,对于被害人是否陷入失去民事救济的高度危险,应当以犯罪既遂为时点。即便被害人事后不能通过民事手段获得救济,倘若在行为人取得财物的时点,被害人并没有陷入失去民事救济的高度危险,也不能认定行为人具有非法占有目的。例如,行为人在取得贷款时具有履行能力与履行意愿,银行没有陷入失去民事救济的高度危险之中,即便事后因行为人意志以外的原因导致贷款无法归还,行为人也不具有非法占有目的,不构成贷款诈骗罪。其次,对于被害人是否陷入失去民事救济的高度危险,应当综合案件事实进行事后推定。被害人失去民事救济的危险性判断本质上是一种概率判断,其有别于被害人事后获得民事救济的实际状况,只能在犯罪既遂的时点对于被害人未来的民事救济可能性进行评估。对于可能性大小的客观判断,裁判者应当综合行为人的经济状况、资金用途及行为人事后态度等事实进行事后推定。即便某一事实违法违规,只要综合各项事实足以认定被害人具有民事救济的可能性,如虽然资金没有被用于生产经营,但行为人提供了真实有效担保,没有隐匿资产,就应当否定其具有非法占有目的。最后,如果无法判断被害人是否陷入失去民事救济的高度危险,应当根据"存疑有利于被告"原则,否定行为人具有非法占有目的。被害人是否陷入失去民事救济的高度危险的判断是一种针对救济可能性的推断——至少达到基本丧失获得民事救济可能性的程度,这种推断不可避免具有一定的模糊性,在综合事实依然难以判断时,应当根据"存疑有利于被告"原则,推定被害人具有民事救济的可能性,从而否定行为人具有非法占有目的。

由于我国财产犯罪的刑事立法模式与德日的立法模式存在根本性差异,所以在"借用"德日相关理论或概念时,必须慎之又慎,虽然同为财产犯罪的主观目的,但不法领得意思与非法占有目的之间存在不可逾越的鸿沟。财产犯罪的构成要件作为一个有机整体，任何一个要素的含义发生变动，都不可避免地波及其他构成要件，我国财产犯罪在行为对象、财产损失数额等方面所独有的特征直接影响乃至促成主观目的的独特性；与此同时，对于非法占有目的诠释也会使得我国财产犯罪客观要件与德日相关理论进一步产生分离，以此为起点可以逐步对"财产转移""财产损失"等要件进行"本土化"阐释，进而构建出具有中国特色的财产犯罪体系。

以上便是我报告的全部内容，谢谢大家！

二、评议

主持人：李　强

下面评议的专家是上海市松江区人民法院二级法官吴亚安，同时他也在上海市第一中级人民法院工作。亚安法官是上海交通大学法学院的刑法学博士。大家知道，上海的非法集资案件主要由第一中级人民法院审理，所以我相信他对"非法占有目的"有自己的想法。有请亚安法官。

评议人：吴亚安

谢谢主持人，谢谢各位老师和专家，还有参会的同学们。下面我直接对陈老师的报告谈一些自己的看法。首先需要肯定的是陈老师的报告确实有很强的创新性，他在努力做一个纠偏。我们实践中经常用物权里面延伸出来的占有概念，来对侵犯物权的犯罪和侵犯债权的财产性利益的犯罪的非法占有问题作统一的解读。但是由于物权是人对物的关系,而债权是人与人之间的关系,两者是不同的,所以用同一个解释路径难免会出现有隔阂的情况,所以他的这种思路对我的工作是有很大启发性的,但是我也有很多担心,就是我们将非法占有的目的与民事救济可能性融合的裁判思路会不会产生以下问题。

第一个问题,如何协调刑事犯罪与合同效力间的关系。我们讨论民事救济可能性的时候,不可避免地会讨论犯罪行为所针对的民事法律行为的效力,或者民事合同的效力问题。那么在这个问题上,刑事和民事的判断路径是截然不同的,刑事是关于行为性质的判断或者说是对错的判断,只要行为满足虚构事实、隐瞒真相,骗取他人财物的构成要件,就应当对其进行否定性评价;但是民事是关于效力的评价,即使存在诈骗行为,民事上也不否定诈骗行为的效力,而是赋予相对人一个撤销权。如果相对人不行使撤销权,相关合同仍然是有效的。从民事视角来看,所有的诈骗案件中,如果相对人不行使撤销权,相关的合同就是有效的,这就意味着这里有一个民事救济的发展基础。如果恰巧在客观上行为人有充足的财产可以弥补诈骗罪所造成的损失,是不是就意味着这里的民事救济是高度盖然性的,所有诈骗罪中,只要行为人事后有财产可以弥补其所造成的损失,所有的非法占有的目的就难以被认定了,这个结论可能是不太妥当的。

以上是涉及两方合同的情况,如果还涉及第三方的合同,比如,在骗取贷款案件中,存在担保合同的话,情况可能会更加复杂,如果提供了一个有效担保,是可以阻却非法占有为目的从而否定犯罪的,这一点可以形成共识,没有问题。但因是骗来的担保而无效的,是不是就一定意味着这里不具有民事救济的可能性,从而认定行为人具有非法占有的目的?也不是的。从民事法律的角度看,这里还存在缔约过失责任,根据《民法典》和已失效的《担保法》的规定,如果担保合同无效,担保人有过错的,他要对不能清偿部分的1/3的债务负赔偿责任。如果按照这个思路来考虑,对我们的挑战就是非法占有的数额该如何认定,要不要把不确定的不超过1/3的赔偿责任从数额中扣除;按照刚才报告的逻辑,它属于民事救济覆盖的范围,若不扣除,该如何纳入非法占有的范围?若扣除,它有两个不确定:一个是不能清偿部分的不确定,另外一个是最高1/3部分的不确定。那是不是意味着要先作出民事裁判,从而才能跟进作出刑事裁判?而这与我们所说的基于同一事实的刑民交叉问题,应当适用先刑后民的处理原则的观点相矛盾。

第二个问题,如何协调事实判断与规范判断的关系。因为立法目的不一样,刑法和民法的评价路径和思维是完全不一样的,所以在一些关联事实或者概念评价上也是有偏差的。比如,刑法评价职务侵占罪中的利用职务便利,其实就是一个关于客观要素的评价,要从构成要件要素上看有没有职务,有没有利用职务形成便利,如果客观上没有职务的话,就不构成职务侵占罪。与之相对应的是民法上的表见代理概念,它是一个规范概念,因为表见代理人在客观上是没有权利的,只存在越权或者无权的情况,但是最终的代理后果是归于被代理人的。因此,针对一些案件就有了一些矛盾。比如,经常出现一种诈骗行为,离职员工通过伪造印章的手段伪造了授权书，从而骗取公司客户的账款。如果客观上没有证据可证明该离职员工是有职权的，那么这个时候就没办法认定其构成职务侵占罪，按照以前的思路是不是可以往诈骗罪上去考虑。但是现在的矛盾点在于，因为有表见代理概念的存在，对客户来讲，这里具有充分的民事救济可能性，所以无法认定该离职员工具有非法占有目的，因此该离职员工不构成诈骗罪。这个时候是不是存在一个评价的间隙，就是刑法对这种行为无法进行评价。由此引发了第三个问题。

第三个问题，如何看待刑事追赃挽损与民事救济之间的关系。2019 年最高人民法院在杭州开过一次刑民交叉问题的大讲坛，里面明确了一个观点：如果刑事追赃的裁定书规定不完善或者不能覆盖民事损失的话，是可以允许被告人另行提起民事诉讼的。这至少给了我们两个启发：一是，至少在法律问题上，民事救济和刑事救济是互补的关系；二是，民事救济和刑事救济的法律性质是相同的。如果两者的法律性质相同，那么按照报告的观点，问题就来了。刑事追赃挽损可能性是不是等同于民事救济的可能性？如果刑事追赃挽损的可能性等同于民事救济可能性，那就意味着所有追赃挽损的可能性都要否定具有非法占有的目的。比如，诈骗罪中，原物被扣押了；行为人骗取了他人钱财，但涉及的钱款走向清晰或是被冻结了，这些都不能够被认定为犯罪，因为这里的追赃挽损可能性否定了具有非法占有的目的。这就导致我们对犯罪成立、犯罪既遂、事后追赃挽损效率三个概念产生了混淆。这一点是需要我们再深入思考的。

针对上述问题，我们是不是可以在裁判思路上从以下三个方面来做一个完善。第一，索性开展"二元式"方式，对于侵犯物权的犯罪，我们主要围绕排除意思展开，将利用意思作为辅助功能。因为物权是人和物之间的控制关系，我们对物可以进行排他性的占有；对于侵犯债权的犯罪，因为债权是人与人之间的关系，它调整的是行为，再加上金钱的占有即为所有，没有排他性控制的概念，因此我们对其的判断可以侧重于利用意思。司法解释也是立足于这一点，适用推理规则，所列举的具有非法占有目的的行为都是具有导致财产受损可能性的行为。这给我们的启示是，只要你的行为有导致利益受损的高度盖然性，我就推定你有非法占有目的，这是立法的一个逻辑。

第二，我们不能把对客观的行为判断完全等同于对主观要素的判断，如刚才所讲的司法解释中所列举的行为，适用的都是推定规则，我们真正要解决的问题是如何反证，就是在什么样的情况下可以推翻现有的认定，证明责任要做到什么程度？证明标准要达到什么程度？当被告人提出初步的反对之后，要不要把证明责任回旋给侦查机关，让他们来进行判断？所以，这是我们实践中急切需要解决的问题。

第三，我们在论证的时候，是不是要始终坚持责任与行为同在的原则，这涉及非法占有目的所针对的对象，也就是刑事被害人如何分配的问题。我们应当立足的时点肯定是行为时，就是透过行为时看行为侵害的对象，即直接受损人是谁，按照这个观点可以允许刑事受害人和最终受损的承担者不是一个人，这种差异可以通过刑事程序和追赃挽损程序、民事程序的协调来解决，而不能按照纯粹事后的观点，把所有的民事救济、行政救济、仲裁救济全部考虑进来之后，确定谁是刑事受害人。因为这可能会导致一个刑事法官要在裁判文书里对合同的效力作出实质判断、对仲裁协议作出实质审查、对行政救济的合法性作出评价，但这显然是不合理的，它会导致刑事法官去侵夺民事法官、行政法官的裁判权。

以上是我的一些不成熟的观点，还希望各位老师批评指正，谢谢大家！

主持人：喻海松

下面有请中共中央党校党的建设教研部讲师王琦作评议。

评议人：王　琦

各位老师、各位同学，大家好！首先非常感谢车老师和付老师为我提供此次非常宝贵的学术交流机会，我读博士的时候陈少青副教授在清华大学做博后，当时他主要做的是刑民交叉的研究，我的博士学位论文题目是和财产犯罪有关的，所以在学校读书期间我们的学术交流会比较多。陈少青副教授的这篇报告立足于我国立法，考察了司法解释和司法实务在认定非法占有目的时考虑的一些因素，然后创造性地通过刑民界分的标准，将占有他人财物的观点进一步具体化和深入化，具有很强的理论问题意识和实践的应用导向性，但是我认为报告在以下三点还有值得商榷的地方。

第一，我认为有必要对非法交易目的和犯罪的关系进行进一步的明晰。报告中提到，不能从字面语义上理解非法占有目的，也就是不能把非法占有目的理解成与不法享有被害人财产这一犯罪构成的客观方面对应，而是强调必须要有永久性。那么把非法占有目的就理解为永久性占有他人财物，并且他认为这里的财物是广义上的，不仅包括有体物，而且包括财产性利益。同时报告中指出，行为人对于财物本身具有返还的意思，但真正失去民事救济可能的部分是行为人在使用财物的过程中所获取的财物内在价值，故其仅针对该部分价值具有非法占有目的，这就意味着报告人认为"使用盗窃"仅成立一个针对财产性利益的盗窃罪，那么在"使用盗窃"拿走财物的时点，他否定了这是对财物本身的永久性占有目的，但他同时又肯定了对财产性利益的永久性占有目的。问题是，如果我们将"使用盗窃"的客观方面或客观构成要件理解为不法享有被盗用财物的内在价值，或者这个期间该财物的使用价值，那么永久性占有他人部分价值的意思，其实恰恰就是客观方面对应的犯罪故意，并且报告中没有讨论利用的意思，只是说我们国家司法实务和理论界在讨论非法占有目的概念的时候，关注点基本上是排除意思，因此我无从得知少青副教授是否认为利用一词是必要的，如果他认为利用一词不是必要的，那么我认为或许他对非法占有目的的理解其实就是犯罪故意。我在学习和科研的过程中发现，在我国关于财产犯罪的司法裁判文书里，基本上是不会讨论犯罪故意的，那是不是说明实务中倾向认为非法占有目的只是财产犯罪故意的一种约定俗成的表达而已？这一点也向在座的实务人员请教。

第二，我认为能用客观构成要件解决的内容也就无须动用主观构成要件，因为根据两阶层的犯罪构成体系，我们首先要判断的是客观构成要件，然后再去判断主观构成要件。那么在第一阶层，首先我们要结合犯罪的保护法益去判断是否存在法益侵害结果。我昨天拿到材料以后，对马寅翔教授的评议也进行了学习，马教授在材料的第 136 页下面提到，取得最终的不法领得意思是取得故意非法占有目的，或者说取得意思是不利于取得故意的一种目的要素。那么这两者的区分可以借助非法拘禁索要合法债务的场合来加以把握。但是我认为，非法主张合法债务的案件应当是财产犯罪法益论层面要考虑的问题，在肯定了具有法益侵害结果的基础之上，要再讨论实行行为，那么获罪的实行行为就是我们国家所说的广义上的财物的控制支配状态发生了转移。陈少青副教授在报告中所举的抢劫罪的例子：行为人为了躲债想进监狱，而对路人实施抢劫，在抢劫的过程中逼迫被害人当场打电话报警，或者直接逃到距离案发地仅 50 米的一个派出所报案，被公安人员直接抓获。这个事例中，其实行为人根本就没有转移对财物的占有，起码他没有建立清晰的占有，进而我认为通过实行行为就可以否定抢劫罪既遂，根本不需要通过被害人不采取刑事手段即可获得充分救济这一点来否定非法占有目的，从而排除抢劫罪。如果说行为人确实采取了抢劫罪中的暴力胁迫手段，确实因为否定主观要素就直接排除了抢劫罪，因为我们国家没有胁迫罪的立法规定，在此前提之下再通过陈少青副教授的观点可能就直接出罪了，我认为这是不利于充分评价法律侵害行为的。

第三，我认为报告提出的判断标准在司法实操中应该具有操作可能性，也即现实可能性。报告中指出，非法占有目的的履行能力和履行意愿中,至少其中之一要达到"根本性"欠缺的程度,并且论证了行为人没有履行能力,即便有强烈的履行意愿,也要认定其具有非法占有的目的,但是在实践中很难想象行为人有非常强烈的履行意愿,但是却没有履行能力的这种情形。因为如果他不具有履行能力,就像报告中举的例子那样,比如,肆意挥霍、没有归还能力,却大量的透支,致使根本无力还款的行为,这些行为本身其实就反映了行为人意愿。在此基础之上,我认为,这种精细化区分的意义不是很大,没有履行能力和没有履行意愿,可能只是同义反复,或者是从不同的侧面提示我们的司法工作人员在判案过程中的一些注意事项而已。

此外,前面吴法官提到的一些疑问,我也有认同的地方,就不再赘述了。以上是我的学习心得,谢谢大家!

主持人:喻海松

下面有请重庆大学法学院讲师高颖文进行评议。

评议人:高颖文

尊敬的各位老师、各位同学,上午好。

我是重庆大学的高颖文。非常感谢车老师,感谢盈科律师事务所和西北政法大学的各位老师提供的宝贵学习机会,让我有幸对陈少青老师这篇大作分享自己的一些不成熟的思考。在我国司法实践中非法占有目的的认定一直以来就是财产犯罪处理中的难题。在刑法理论上针对非法占有人以正面界定的集中讨论较为欠缺,并且论述也较为分散和泛化。在这样一个背景下,陈老师的这篇报告就是直面问题，重新解构和界定非法占有目的的一次重要尝试。报告认为在我国语境下，财产犯罪中的非法占有目的不应被解释为刑法中的不法领得意思，报告通过总结非法占有目的的特征，提出非法占有目的是永久性占有他人财物的意思，其成立与否应考察行为既遂时是否存在导致被害人失去民事救济可能性的危险。该报告问题意识明确，结构清晰，观点新颖，论证有力，我将其突出的亮点总结为以下三点：扎根本土实践的先破后立；问题性思考的点和体系性思考的面互动关联；独辟蹊径的论证角度和基本观点。因为时间所限，并遵循本论坛鼓励争鸣的评论传统，我就不再过多展开了，论文集内有具体说明可供参阅。那么下面我将主要阐述在聆听报告后产生的几点疑问，希望能与陈老师和各位老师交流。

第一，关于民事救济可能性标准选择的问题，对于报告人将非法占有目的界定为永久占有他人财物的意思的观点，我基本赞同，但是对判断标准的选择存在疑问，具体而言，先抛一个问题，就是被害人是否失去民事救济可能性，是否需要结合具体的民事法律规范来进行判断，还是仅在刑法领域依据事实材料进行判断即可？如果需要结合民事法律规范来判断，那么它是不是一个规范性任务？如果答案是肯定的，那么这个规范性任务的认定恐怕不能按照报告中所述的综合案件进行事后的判断，因为服务于事实推定的方法，恐怕无力处理规范适用的问题。同理，这个问题还决定了判断过程中的所有情形是不是都能够适用报告人所述的案件事实存疑有利于被告的原则。如果认为这个判断是一个纯事实性的判断，那么为什么不直接通过对财产返还意思和返还能力进行事实性的考察来认定被害人遭受财产损害的危险,而必须要去借助民事救济可能性来进行标准构建呢?对此,我的理解是,永久占有他人财物的目的,也许可以解释为两个方面:一是永久占有他人财物使自己达到获利的目的;二是永久占有他人财物造成他人财产损害。从报告着重介绍的司法解释规定来看,司法解释可能更强调的是后果,也就是不具有还款意愿、还款能力的情形本质上不具备造成他人财产损害的问题。正如徐凌波老师在前文指出的,行为人的还款能力和还款意愿本质上是财产损害的建构行为。对于非法占有目的的判断,最终仍然需要诉诸行为人的还款意愿和还款能力,并且报告人在报告中也认可在我国财产犯罪的司法认定中更注重对财产损害的判断,因此民事救济可能性标准的存在与否也只是对财产损害的事实判断,那么为何不直接以造成财产损害的危险作为认定非法占有目的的依据?这是我对标准选择的一点困惑,希望得到报告人的解答。

第二,关于该标准能否扩展适用于其他的罪名。报告人通过归纳特殊诈骗罪中非法占有目的的具体特征,并将其扩展到财产犯罪的一般特征,得出"被害人陷入失去民事救济可能性的高度危险"标准能够适用于整个财产犯罪领域。对此,我的疑问是,将"被害人陷入失去民事救济可能性的高度危险"标准从金融诈骗罪领域扩展到整个财产犯罪领域,是否妥当?报告认为,财产犯罪中非法占有目的的形态,是以诈骗犯罪为原型的,而盗窃罪、抢劫罪等其他犯罪则是例外情形,并进一步指出,在盗窃罪、抢劫罪等其他犯罪中,被害人遭受财产损失后，行为人或逃之夭夭，或胁迫被害人使其不敢寻求民事救济，在行为人以盗窃、抢劫等手段取得财物的场合，被害人基本就丧失了获得民事救济的可能，故直接将此类情况纳入刑法的保护范围。但这一论述是建立在已经肯定盗窃罪、抢劫罪等犯罪与诈骗罪中的非法占有目的具有相同内涵的逻辑前提之下的，然而，盗窃罪、抢劫罪等犯罪中的非法占有目的能否作同等理解是不无疑问的。因此，将"被害人陷入失去民事救济可能性的高度危险"标准扩展到盗窃罪、抢劫罪等犯罪中会产生格格不入的问题。这在根本上是因为盗窃罪、抢劫罪等犯罪在基本行为结构上还是有别于诈骗犯罪，尽管盗窃财产性利益与整体财产损失等问题在学理上对该类犯罪形态造成了认知上的巨大冲击，但不可否认的是，针对具体财物的取得始终是该类犯罪构成要件行为的基本形态，是社会一般观念中相关行为概念的基本形象。如果要对这类犯罪的非法占有目的进行重新解构，可能会导致非法占有目的和行为结构的兼容性问题，牵一发而动全身，不得不对该类犯罪的行为结构予以重新解读，而采取对该类犯罪行为和财产损失作相对广义的解释的立场，又不得不面对应如何维持上述犯罪基本形态和观念形象不会因泛化而崩溃的问题。对此，报告在论及放弃不法领得意思时提出，应舍弃财产犯罪中的占有概念，并在该处脚注中指出，可能需要对财产转移和利益转移的认定方法进行重新建构。

第三，对于不法领得意思的态度，报告中似乎存在前后矛盾和暧昧。报告在反思传统观点的部分已经论证了不法领得意思与我国刑法的规定不能兼容，不应将非法占有目的解读为不法领得意思。但在后文论及对非法占有目的转化为客观危险的判断时，又重新提及不法领得意思也应当与"目的实现危险性"或"法益侵害危险性"相呼应，且肯定了不法领得意思与非法占有目的"同为财产犯罪主观目的"。这似乎与第一部分主张应当在财产犯罪中舍弃不法领得意思的观点有所矛盾。此外，若依此处所述，不法领得意思与非法占有目的"同为财产犯罪主观目的"，那么两者的关系如何区分不法领得意思与非法占有目的之内容和机能，两者是否存在抵牾或者重合之处？这些问题似乎在报告中找不到明确的解答。我认为，依照报告的论证思路，关于不法领得意思的判断也呈现客观化趋势的论述似乎可以删去，以免在论证逻辑上引起上述不必要的麻烦。

主持人：李 强

感谢高颖文老师的发言，下面有请马寅翔教授发表评议。

评议人：马寅翔

谢谢李老师。尊敬的各位老师、各位同仁、各位同学，大家好，我是来自华东政法大学刑事法学院的马寅翔，首先非常感谢车浩老师和付玉明老师等论坛主倡人员提供的宝贵的交流机会，同时非常感谢西北政法大学热情周到的安排，接下来我将围绕陈少青副教授报告的精彩内容，向各位老师、同学们汇报一下我的学习体会。

陈少青副教授的报告立足于我国的立法和司法实践，从行为人自身的视角出发，对非法占有目的的概念内涵和判断路径进行了细致到位的分析。整体来说，陈少青副教授希望通过自主性的研究对财产犯罪中的一些要素进行"本体化"阐释，由此尝试构建具有中国特色的财产犯罪体系。接下来我将从立论前提、推理结论和连锁效果三个方面，围绕报告的核心指标，谈一下自己的看法。

第一，关于报告立论前提的妥当性，我认为值得再思考。报告将司法解释的规定直接与民事救济相挂钩，以此作为其立论前提，该做法的妥当性值得讨论。从报告内容来看，该做法应当是受到了《刑事审判参考》第122集收录的第1342号指导案例的启发。在认定非法占有目的时，该案例的裁判理由明确指出，应当将被骗人能否通过民事途径进行救济作为认定标准之一，但从具体的分析理由来看，法院之所以将该案作为民事欺诈处理，主要还是考虑到该案发生在熟人之间，且行为人具有还款意愿与还款能力。法官认为当事人之间存在熟人关系，所以处理的时候要慎重，也就是说熟人关系其实发挥了重要的指引作用，后续的指导案例其实也明确了，民事欺诈往往发生在熟人之间，刑法对此不予积极介入，可以说正是在这种办案理念的指导下，办案法官会主动寻找一些粗略的依据，最终以具有还款意愿、还款能力和民事救济可能性等一些具体的理由，将案件作为民事纠纷处理。当然，我们也必须承认存在熟人关系其实只是一种重要的参考，并不具有决定意义，即使不存在熟人关系，因欺诈引发的经济纠纷最终也不一定会被认定为刑事犯罪。但是这并不意味着民事救济的可能性才是一个关键的认定规则，因为在我看来，民事救济只是诈骗行为完成之后的一种救济措施，它本身并不具有决定行为人非法占有目的存在与否的关键作用，我认为事实上裁判理由会提及民事救济的途径，主要原因是在相当一部分涉及欺诈的案件当中，行为人原本就是通过一种民事法律行为来获得了被害人的财产，而之后发生的经济纠纷自然首先会被作为民事纠纷来对待，也就是说一起案件之所以可以被作为民事纠纷来处理，关键的前提应当是取财行为具有民事法律行为的外观，而不是事后的民事救济的可能性。如果根据后者进行判断，则对于并非基于民事法律行为的违法行为，也很可能会被当作不具有非法占有目的来对待。

第二，关于报告推理的结论，我认为在可靠性上可能还要再作进一步的斟酌。报告主要通过归纳推理得出结论，其借助诈骗罪的司法解释和司法实践认定非法占有目的的一些具体做法，从中归纳提炼出了一般性的结论，提出应当将民事救济可能性作为所有取得性财产犯罪当中非法占有目的的一种认定方法，并以侵占罪的立法规定作了进一步的补强性的论证。然而，我认为无论是诈骗类的犯罪还是侵占罪，只涉及了取得性犯罪的一些个别罪名，但报告的结论却涉及了取得性财产犯罪的全部罪名，这意味着就归纳推理可靠性而言，即使对于部分诈骗犯罪和侵占罪而言，的确可以根据民事救济可能性来认定非法占有目的，但并不足以表明对于所有取得性财产犯罪，民事救济可能性都可以作为认定非法占有目的的一种标准。除此之外，就实践的操作而言，报告基本上也是成功的。但在涉及盗窃、抢夺、抢劫、敲诈勒索等一些"侵财"的案件当中，运用民事救济可能性进行认定的必要性其实并不是特别大。这表明从实践效果的层面来看，将民事救济可能性作为一般性的认定"侵财"犯罪当中非法占有目的的认定标准，可能也需要对其可行性作进一步的论证。

第三，从这种主张的连锁效果来看，其合理性也值得再进一步地推敲。关于报告主张的主观目的客观化的判断路径，我认为也是非常有道理的，但是将被害人是否陷入失去民事救济可能性的高度危险，作为客观化的一种判断标准，未必是稳妥的。这种见解，一方面会导致既遂认定的人为的延后，另一方面也可能会导致将非法占有目的的有无和非法占有目的的认定相提并论。举个例子可能就比较容易理解了，例如，在超市盗窃案当中，行为人基于非法占有目的，将商品放入自己的衣服口袋当中，根据我们现在的理解，他其实已经完成了取得行为，在这个时候盗窃已经既遂了，之后行为人经过收银台时并未掏出商品并进行付款，只能证明他的确具有主观上的非法占有目的，这是一种事实证据，但并不能将其作为判断行为人是不是存在非法占有目的的绝对标准，实际上司法解释也通过特定行为造成的终局性客观财产损失，来推定行为人在客观上具有非法占有目的。民事救济可能性只是用于判断是否存在终局性客观财产损失的一种重要的考量要素，但并非直接判断是否具有非法占有目的的考量要素，如果直接将是否存在民事救济可能性，作为是否存在非法占有目的的认定标准，一方面在相当程度上可能会助长唯财产损失结果论的不当的办案理念，即只要造成了客观的财产损失就有可能会被作为财产犯罪加以处理；而另一方面则有可能会导致司法机关以造成的损失仍然存在民事救济可能性为理由，拒不将案件作为刑事案件加以对待，而是作为民事纠纷加以处理，从而在一定程度上剥夺了被害人寻求刑事救济的权利。对此，报告其实可能也注意到，为了确保结论的妥当性，报告对民事救济可能性的认定作了一定的限制，认为这种认定应当仅限于在取财行为既遂的时候所呈现的一种状态，然后根据事后的一些举动作综合的判断。但是按照这种理解，如果想要回应司法解释的规定，就像刚才我提到的，必须要将取财行为得手之后的一些举动纳入考量，而这样的话，就可能需要拖延对这些时点的认定，而这又在一定程度上限制了领导理论主张的一开始就对认定时点进行限制的初衷。可见，报告的主张如何能够在逻辑上做到自洽，可能还要做相当程度的推敲。

以上就是我评议的内容。其实昨天我和陈少青副教授在私下讨论的时候，就发现我们对于违法性的本质，甚至包括在犯罪的体系当中，非法占有目的的体系性地位的认知都存在极大的差异，因此我基于自己的立场作出的评价，也就未必妥当了。在此也恳请陈少青副教授和各位老师、同仁、同学们包涵。

主持人：李　强

下面有请陕西省人民检察院检察委员会委员、第四检察部主任黄海发表评议。

评议人：黄　海

感谢各位老师给我提供的交流机会，为节省时间，我对报告提出如下评议：报告进行了较为深入的学术思考和理论辨析。报告结合德日刑法理论，进行了与我国的刑事立法及司法实践更为契合的法学思考，学术方向新颖，理论研究深入，对我们推进财产犯罪理论创新、解决司法实践现实问题均具有重要意义。

同时，我对在现实中究竟如何理解把握和具体应用的问题提出以下商榷意见：

第一，我不太赞同"非法占有目的在学界与实务界形成了两套截然不同的话语体系，二者基本上是自说自话，理论研究无法回应司法实践的现实需求"的观点。我们在司法实践中经常会就案件的法律适用等问题向专家学者学习请教，绝大多数情况能够达成一致，无法达成一致的只是个别情况。

第二，我认为报告需要对"被害人陷入失去民事救济可能性的高度危险"与非法占有目的认定之间的关联度加强论证，而且"被害人陷入失去民事救济可能性的高度危险"的判断标准也需要进一步明确。倘若这个问题不够明确，不能准确把握的话，这篇报告的研究就需要继续深入了。

第三，报告在"保健品诈骗案"的分析中将"被害人陷入欺骗而不自知"作为"被害人陷入失去民事救济可能性的高度危险"的判断依据，进而认定行为人具有非法占有目的，这实际上将"被害人"的主观心理作为了"行为人"主观要素的判断依据，该观点的法理依据和法律依据需要得到进一步论证。

第四场
报　告

主持人：彭文华（上海政法学院刑事司法学院院长、教授）
　　　　刘　辰（最高人民检察院第一检察厅主办检察官）
　　　　李兰英（厦门大学法学院教授）
　　　　王昭武（云南大学法学院教授）
　　　　柏浪涛（华东师范大学法学院教授）
报告人：史令珊（中南财经政法大学国家治理学院讲师）
评议人：徐凌波（南京大学法学院副教授）
　　　　王继余（葫芦岛市龙港区法院副院长）
　　　　袁国何（复旦大学法学院副教授）
　　　　艾　静（盈科刑辩学院副院长）
　　　　吴雨豪（北京大学法学院助理教授）
　　　　杨智博（西北政法大学刑事法学院讲师）

一、报告

主持人：彭文华

前面大家讨论的热情非常高涨，今天会议的报告人，是来自中南财经政法大学的史令珊博士。史令珊博士要报告的题目是

《诈骗行为构造与非法占有目的的认定》,我们把时间和讲台交给史博士。

报告人：史令珊
诈骗行为构造与非法占有目的的认定

大家好，非常有幸能有这次机会站在这里为大家作报告，今天我的报告题目是《诈骗行为构造与非法占有目的的认定》。根据我国《刑法》的规定，只有客观上虚构事实、隐瞒真相的行为导致了被害人财产损失，且具有非法占有目的时，该行为才依法成立诈骗罪，非法占有目的是诈骗犯罪区别于单纯民事欺诈最鲜明的标志。非法占有目的的认定需要结合诈骗行为的构造展开，因此，我本次的报告立足于刑事诈骗的行为构造，重点探讨交易型诈骗、使用型诈骗、传销型诈骗中非法占有目的的认定规则。

刑法所规制的诈骗犯罪，除了虚构事实、隐瞒真相，造成经济损失，还会造成一种更严重的后果：对财产所有权的侵犯和动摇。从彰显行为社会危害性的角度而言，非法占有目的是浓缩的精华，能从根本上反映出行为的法益侵害性质和程度。

刑法理论和实务中非法占有目的的规范内涵远不止于字面含义，一般被解释为以将公私财物非法转为自己或者第三人占有为目的。非法占有目的承载着限制刑法介入财产关系范围的机能，刑法中的非法占有，除了破坏他人对财物的实际占有，更重要的是，行为人将他人财物当作自己的所有物进行支配使用，深层次地侵害和动摇了他人财产所有权。非法占有目的的这一规范内涵及其功能定位近年来被多份司法解释和文件所明确肯定。在交易型诈骗的场合，有无非法占有目的在行为之时即可判断；在使用型诈骗的场合则要关注事后用途与行为人的态度。而随着社会发展、经济交往以及商业模式的变化，非法占有目的的侧重点和认定难度也不同，必须结合一段时期以来的经营状况，才可能进行所谓"穿透式"或实质性的审查。

第一，交易型诈骗。交易型诈骗，指的是行为人以售卖或购买特定商品、服务等为由，骗取他人财物的行为类型。在交易型诈骗的场合下，行为人虚构事实、隐瞒真相，如果完全不具备进行真实交易的行为事实，明显可以肯定其具有非法占有他人财物的目的，依法构成诈骗罪。比如，《刑事审判参考》第1247号指导案例"李政等诈骗罪"，被告人李政等明知无法为不符合国家成人教育招生条件和程序的人员办理正规有效的成人高等教育文凭，仍对外谎称自己能够办理此文凭并能上网认证，以此骗取被害人财物。这类案例中，行为人完全捏造交易的能力和事实来骗取他人财物，行为的定性比较清晰。但是在实践中行为人虚构事实、隐瞒真相，提供了一定的商品或者服务的情形，属于单纯的民事欺诈还是诈骗犯罪，却是很容易被混淆的。对于这种情形的分析，我认为，交易对价的基础事实对非法占有目的的认定具有决定意义，例如，"韩国化妆品案""冒充主任医师看病案"等，前一案例中行为人将国内生产的化妆品冒充为韩国化妆品进行销售，后一案例中行为人冒充具有更高信誉资质的主任医师，进行坐诊、开药，这两个案例涉及的是特定商品或服务的出售。该类案件中，行为人以商品或服务的使用价值换取交易相对方的财物价值,行为人主观上是否具有非法占有目的和客观上是否属于非法占有行为,重点需要考察有无形成交易对价关系。如果交易对价客观存在,为了赢得交易机会行为人虚构了事实或隐瞒了交易对象存在的权利瑕疵,就不能认为行为人实施了非法占有行为。但如果行为人交付的商品、服务不具备应当具备的价值功效,非法占有目的往往会被肯定,比如,《刑事审判参考》第1373号指导案例"阚莹诈骗案",被害人以投资、收藏的目的向行为人购买高档普洱茶并支付货款,行为人实际交付的却是低档普洱茶,虽然该普洱茶也有确定的市场价值,能够满足普通消费者的食用需求,但是高档普洱茶所具有的收藏和投资价值是其独有的特征,也是低档普洱茶所不具备的价值。本案中的商品明显不具备其本应具备的收藏价值,交付行为只是行为人对其非法占有他人财物的一种掩饰,依法应成立诈骗罪。与此不同的是,"韩国化妆品案"中双方约定的交易对象是可供销售的化妆品,事实上行为人也提供了具有真实效用、价格适中的产品,尽管对于品牌产地、销售前景实施了欺骗,但这并不影响化妆品的使用和正常销售,对于品牌产地、商业前景或声誉度等的包装或夸大只是违反了诚实信用原则,不能简单地将该行为认定为刑事诈骗。刑法介入平等主体之间交易关系的正当性,应有别于民事法充分保障契约自由与诚实信用原则的立场。在我国,民事欺诈与刑事诈骗是严格区分、不能混同的,行为仅为了赢得交易机会而夸大商品或服务的品质、效果,与根本上就没有交易意愿和交易对价的诈骗犯罪存在本质区别。如果前述案例中行为人提供的是价值低廉、质量粗劣的"三无"化妆品或者没有任何医术却冒充医生给病人看病，虚开药物谋取非法利益，那么这种情形下，交易事实与对价根本不存在，此时的行为依法应构成刑事诈骗，而非民事欺诈。

第二，使用型诈骗。使用型诈骗，是指行为人通过虚构或者隐瞒财物的方法，骗取他人财物的行为类型。在使用型诈骗的场合，行为人实施欺骗行为，使自己能够在经过被害人授意的情况下在一段时间内支配、使用财产，如果最终不能归还财产，单独从实施欺骗行为时的外观来看，难以判断损失究竟是经营投资失败造成的，还是诈骗犯罪的结果。使用型诈骗非法占有目的的认定往往需要诉诸行为人取得财物之后的态度和财物的具体使用情况，实践中重视资金用途和对生产经营活动认定的把握，具有科学性和现实意义。其一，对于是否有助于提升偿还资金能力的认定，研究行为人擅自改变资金用途的情形对此认定的分析具有很大作用，包括用于投资股票期货、用于偿还个人或者公司债务、为募集资金向机构或个人支付高额服务费用等不同情况。比如，行为人将资金用于偿还个人或公司债务，2017年《最高人民检察院关于办理涉互联网金融犯罪案件有关问题座谈会纪要》对行为人"归还本息主要通过借新还旧来实现的"可以认定具有非法占有目的作出了规定，但是对于何为借新还旧以及如何看待企业负债经营、行为人对外融资的情形未能作出适当指引。沿用特定用途有助于实现资金增值、提升偿还能力进而排除行为人主观上具有非法占有目的的思路，对于那些改变资金用途，将资金用于归还债务的情形也应该作出区分，进行具体认定。如果资金是用来偿还公司生产经营所欠债务的，则也应当认为属于公司经营活动的一部分，一般情况下应否定非法占有目的的成立。但是，如果资金用于偿还的公司债务属于"拆东墙补西墙"，是对提升资金偿还能力不具有实际意义的借新还旧，该情形下则可以考虑肯定非法占有目的的存在。在资金用于偿还个人债务的场合，行为的性质同样有必要结合案件事实进行具体分析，不能因为骗得的资金用于偿还的是个人而非公司债务，就简单地肯定行为人具有非法占有目的。资金用于偿还个人债务，如果确系因生产经营所欠，行为人偿还债务旨在维系公司日常运转从而提升还款能力，那么就不宜认定行为人具有非法占有目的。其二，使用型诈骗中非法占有目的的推定与举证责任。司法实践中存在无法查清资金的去向或具体用途，就否定诈骗犯罪成立的倾向。从我国法律规定和法理上看，被告人并没有义务主动交代资金来源，不应该因为行为人拒不交代，就推定其主观上具有非法占有目的。但是，考虑到诈骗罪出现了明显的网络化特征，犯罪的结构性变化导致犯罪查处的难度大大增加，办案机关应充分关注信息网络社会财产流转的新特征，针对资金账户多、资金规模大、资金流向复杂的状况，应整体性把握司法文件规定的情形以及推定的适用。当资金高度可能被用于挥霍或被侵吞，在依法保障被告人的反证权利的前提下，司法机关可以作出不利的认定。比如，资金没有被投入生产经营活动，或者被投入生产经营活动的资金与所得资金明显不成比例，或者大量资金及其流向出现"断崖式"消失或中断。

第三，传销型诈骗。我国《刑法》第224条之一规定了组织、领导传销活动罪，关于组织、领导传销活动罪与诈骗犯罪的关系问题，一直以来无论是在理论上还是在实务上争议都比较大。时延安教授指出，传销犯罪不是诈骗犯罪，不需要认定非法占有目的，不应套用财产犯罪的原理来解释经济犯罪。张明楷教授认为，在《刑法修正案（七）》公布之前，对组织、领导传销活动的行为一般以非法经营罪、诈骗罪、集资诈骗罪等罪论处；《刑法修正案（七）》增设的组织、领导传销活动罪大体是一种诈骗犯罪。陈兴良教授则明确提出，本条其实就是诈骗的一种特殊类型。在实践中对于同一事实的认定往往也会存在一些不同的情况。组织、领导传销活动罪确实与诈骗犯罪在行为构造与罪责程度上存在明显差异，不过这并不意味着本罪不具备诈骗犯罪侵犯财产所有权的本质特征，本罪的成立仍需要进行非法占有目的的判断。首先，采取多层级返利机制本身是一种价值中立的营销手段，组织、领导传销活动罪中"骗取财物"的规定有其独立的构成要件地位。我们在现实生活中大量可见使用多层级返利机制来进行商业推广的合法经营模式，比如，保险从业人员每发展一个新的保险代理人，便可获得提成。在这些日常生活中的合法例证中，行为之所以不涉嫌违法犯罪，除了因为利益绑定层级有限，更重要的是，经营主体实际提供了满足他人实际需求的产品或服务，存在真实的价值交换，创造了真实利润。与此相反的，则是不存在真实的财产交换，不是因销售行为赚取合理利润来维持经营，而是以新发展更多下线人员所缴纳的资金，回填上线人员所需的返利，是注定引起资金损失的传销活动。也正是在此意义上，成立组织、领导传销活动罪除了要具备传销活动的基本行为特征，还无法脱离"骗取财物"的认定，这是将本罪和具有经营性质的传销活动相区分的关键。其次，我国刑法意义上的传销与行政法上的规定存在显著不同，存在真实经营活动的"团队计酬"型传销被排除在组织、领导传销活动罪规制的范围之外。2005年国务院《禁止传销条例》第2条首次对行政法意义上的传销进行了界定，第7条根据第2条的规定，进一步明确，该条例所禁止的分别是"拉人头"型、"入门费"型、"团队计酬"型三种传销形式，而我国《刑法》第224条之一规定，刑法意义上的传销必须同时满足"入门费"与"拉人头"两个要素，"团队计酬"型传销行为被明确排除在犯罪圈之外。

理解传销型诈骗的核心构造需要注意两方面内容：一是传销型诈骗与交易型诈骗、使用型诈骗等在构造上的不同；二是传销型诈骗作为诈骗犯罪的具体类型所应具备的诈骗罪本质。就前者而言，与交易型诈骗和使用型诈骗不同的是，在传销型诈骗的场合，并不存在因欺骗遭受财产损失的被害人，参与者自愿加入组织来获得返利资格并拉入了下层级的参与者，多层级返利机制的有无对于行为的定性具有重要意义。我个人认为组织、领导传销活动罪不存在受骗者或被害人，它是一种特殊的诈骗犯罪类型。我国《刑法》规定的组织、领导传销活动罪属于传销型诈骗，而"团队计酬"型传销存在真实的销售活动，与不可能持续经营的、迟早发生崩塌、造成处于相对较低层级的人财产损失的诈骗，有本质差异。传销型诈骗的认定应同时考虑多层级返利机制，以及销售活动的真实性。经过对实践中具体情形的归纳梳理，至少有以下三个方面是判断销售商品、销售业绩是否真实时所需要考虑的：第一方面，商品或服务的价值与定价。商品或服务定价的异常，往往能够说明经营活动的真实性。如果卖方所售商品不具有市场价值，或者就其易手价格而言明显超值，则该商品可能被认为是自下而上传递买方入门资格费的道具，反之，如果定价与价值匹配相当，则可以认为是一定业务模式试图从财产交换的过程中赚取售价与成本之间的差值利润，存在真实经营活动，不属于组织、领导传销活动罪规制的范围。第二方面，产品的最终去向。为证明业务模式是通过真实的销售盈利，就有必要证明产品的最终去向是消费者，而不是只在参与者之间流转。如果产品只在会员之间流转，最终根本就卖不出去，会员入门费所购买的商品只停留在数字上，这就难证明是正常的销售盈利模式。第三方面，返利机制的具体设置。多层级返利机制，尽管其本身是一种价值中立的营销手段，但是当利益绑定关系的会员层级过多、奖励机制过于激进时，则可能产生恶化运营性质的风险性。

最后，除了考虑行为构造，非法占有目的的认定还深刻地与一定时期的社会观念相勾连，体现着人们日常运用而不觉的价值观。办案人员除了需要关注诈骗行为类型的具体构造，相应调整认定行为人主观上是否具有非法占有目的的素材与侧重点，诈骗行为所发生的领域（行业）也会在很大程度上影响欺诈行为是否成立诈骗犯罪的判断，非法占有目的的认定需要考虑受骗者或者被害人遭受的财产损失是否值得被刑法保护。结合"古玩诈骗""套路贷""保健品坑老案"的特点考量，除此之外，非法占有目的的认定还有必要注意欺诈发生的领域（行业）以及行为对象等。因领域（行业）的特殊性，刑法介入保护财产关系的必要性可能出现一定程度的降低或者提升，即便客观上呈现相同或类似的行为构造，但因交易对象或者行为对象的不同，对于行为社会危害性是否达到足以动用刑法规制的判断也是不同的，这将从根本上影响我们认定非法占有目的的思路与方法。

基于时间关系，我的报告就讲到这里，欢迎大家批评指正！

二、评议

主持人：刘　辰

我认为，从史令珊博士的用词和报告的内容来看，该报告主要是对实践当中的一些新进展和一些案例进行类型化的总结，这篇报告的主题是我们可以继续尝试研究的工作。因为我们不能轻视实践的整体理性，实践中解决问题的方式如何取得相当的共识，要么成为理论上大家探讨的主题，要么就可能需要根据这种共识性的东西对理论进行完善。当然，如果实践当中做得不合理，就要去批判。这种整体理性的经验把握，我认为是一种非常好的方式。谈了一点个人体会，现在把主持的重任交给李兰英教授。

主持人：李兰英

其实本届论坛有一个特别大的亮点，就是各主题的发言人以及评议人都事先做了非常认真的准备。如果每一个主题发言人的发言非常精彩，其实到了评议的环节，那就会更加精彩。大家可以看到以往几个单元评议人的表现，应该说他们的责任重大，同时任务艰巨，他们不仅要去评议，而且要去思考；不仅要去学习，而且还要去超越。所以让我们期待本单元精彩的评议。本单元有6位评议人，现在有请来自位于六朝古都的南京大学法学院的徐凌波副教授进行评议，大家掌声欢迎。

评议人：徐凌波

大家上午好。首先非常感谢西北政法大学给我这次宝贵的学习机会，我个人也做一些有关财产犯罪的研究，相对于总论来说可能是小众的领域，这次也很高兴有机会在线下与各位老师来切磋这个问题，令珊博士的报告结合诈骗罪的构造，以及司法解释有关诈骗类犯罪非法占有目的的规定，分类讨论了交易型诈骗、使用型诈骗及传销型诈骗中非法占有目的的认定问题。在司法实践中非法占有目的一方面是判断财产犯罪成立的决定性标准，另一方面，作为主观要素，它的认定有高度的不确定性，因而既是财产犯罪实务中的重点，也是财产犯罪实务的难点。在这个背景下，史令珊博士的报告区分了不同诈骗的类型，为判断非法占有目的提供了具有一定可操作性的标准。这里还有一些想法，想要和史令珊博士及各位同行进行交流。

首先，我认为，司法实践中其实有某种高估非法占有目的作用的倾向。非法占有目的其实只是财产犯罪成立的必要条件之一，而不是充分条件，而且非法占有目的作为一种主观要素，应当在查明客观行为之后再进行判断，即使主观上有非法占有目的，但客观上不符合财产犯罪客观构成要件的行为，也不能肯定财产犯罪的成立。但是在司法实践之中可能存在着这样一种容易把非法占有目的的有无作为解决财产犯罪疑难案件的唯一判断标准的倾向,这种倾向的表现是,在许多官方发布的典型案例、指导性案例中,裁判理由往往会强调非法占有目的这样一个主观要素,需要通过客观要素来推定。至于推定的要素是什么呢?包括了是否存在欺骗行为,被害人是否产生了认识错误,是否存在财产的损害,但是回过头来想,这些要素本身就是诈骗罪成立的客观构成要件,而不是证明非法占有目的的证据,这种用原本属于诈骗罪客观构成要件要素来证明非法占有目的的做法,一方面可能会导致许多原本属于客观要素来处理的问题,全部都被归为了非法占有的问题,使非法占有目的一度成为了在财产犯罪中一个类似于社会危害性的传统概念。另一方面通过客观要素来推定主观要素,最终又可能导致非法占有目的的独立意义被架空,这样两种相反的趋势最终可能会导致非法占有目的的内涵过度膨胀。

因此,从教义学的角度看,在梳理有关非法占有目的的实务意见的时候,首先可能需要去辨别哪些是真正属于非法占有目的要素需要处理的问题,哪些则是原本应该由客观要素来解决的问题。比如,在报告提到的"韩国化妆品案"中,行为人通过分饰上游卖家和下游买家的方式,使被害人错误地以为这个化妆品是有市场的,所以他才购入。那么这个案件中其实首先要回答的问题并不是非法占有目的,而是财产的损害,因为被害人支付了货款,他也拿到了价值相当的物品,只是没有销路,那么在这个时候客观上是否有损害。这里需要讨论的是,由于他购入化妆品的目的是销售,但是客观上这个化妆品是没有市场的,通过销售获利的目的没有办法实现,所以在这个案件之中,我认为关键问题其实是，在这样一种双方的交易行为中，是否需要运用目的落空理论来填补整体财产上的计算。当然我个人的观点其实跟上一个报告的观点有点相仿，我认为财产损害和占有问题是存在一体两面的关系的，当我国刑法理论将财产犯罪的保护法益扩张为整体财产的时候，非法占有目的之中的排除意思实际上就是造成财产损害意思的另一种表述，那么它和客观的财产损害之间其实是有对应关系的。无论是从主客观相一致的原则，还是从客观构成要件具有故意规定性来说，要认定这种排除意思都必须要先确定财产损害。但是对于报告中提到的使用型诈骗案件，首先一个小的建议是这里对使用型诈骗可能有一定的误解，认为要讨论的是与使用盗窃相对应的骗用行为，但是其实报告要考虑的是行为人借款之后变更了资金用途，最终导致无法归还贷款时的资产占用率。如果行为人是在取得借款之后才产生变更资金用途的想法，此时的欺骗行为，还没有产生非法占有目的。如果行为人在借款时便已经隐瞒了自己真正的资金用途情形，那么这里可能要去讨论的是这种隐瞒资金用途的行为是不是构成欺骗，报告中也提到了资金的不同用途对应的不同资金风险，高收益往往伴随着高风险，在集资诈骗案件中行为人的欺骗可能是对参与投资者宣称高收益、隐瞒高风险，使投资者难以对资金的风险产生正确的认识。而贷款诈骗中行为人隐瞒了如用于炒股之类的高风险投资，他对于银行而言也是一个表面比较符合银行要求的用户。反之，如果行为人所宣称的资金用途和他实际的资金用途的风险大致相当，只是因为他宣称的资金用途更加符合国家对于特定领域的信贷政策，所以更容易获得贷款，或者说，行为人只是提供了担保，从而降低了资金无法偿还的风险。那么这个时候其实我们就可以通过否定实质意义上的欺骗行为来出罪，而不需要等到主观要素来出罪。

综上，考虑到过度依赖非法占有目的问题，我认为在对这些实务案件做教义分析整理的时候，可能需要跳出非法占用目的这样一个要素的局限，着眼于诈骗构成要件的整体构造来进行考察。

主持人：李兰英

下面有请葫芦岛市龙港区法院副院长王继余进行评议。

评议人：王继余

在来的路上我在想，其实西安算得上是一座与法有缘的城市，它见证了我国法律制度波澜壮阔的发展史，再加上西北政法大学厚重的法学底蕴，更加显得本届论坛意义非凡。

这两天我也听了各位老师精彩的发言，受益匪浅。刚才听了史令珊老师的报告，关于诈骗行为构造和非法占有目的的认定的讨论，报告以非法占有目的为切入点，详细分析了交易型诈骗犯罪、使用型诈骗犯罪和传销型诈骗犯罪三种类型非法占有目的的认定，可以说结构非常严谨，数据和案件非常充实，逻辑清晰。能够感受到史令珊老师，对诈骗犯罪的非法占有目的的认定进行了深入研究。

今天我将结合我和同事作为司法审判者的实践经验，来谈谈诈骗犯罪的非法占有目的认定。生活中大家对诈骗现象可能司空见惯，但是从实务中来看，诈骗犯罪的适用还是存在一些问题的。我就亲身经历了好几个被改判为无罪的涉嫌诈骗的案件。现实生活中，还存在着一些以刑事手段干预民事纠纷的行为。接下来我会谈谈对诈骗犯罪中的非法占有目的的一些认识，和大家一起交流。

史令珊老师的报告中提到了最高人民法院和最高人民检察院出台的一些司法文件中的关于对非法占有目的的一些说明。从目前的形势来看，认定诈骗案件的被告人具有非法占有目的，不仅要求控方证明被告人具有非法占有他人财物的行为，还要证明被告人有逃避返还所骗取的财物的行为，或者被告人为被害人追回被骗财物设障，使得被害人无法通过民事救济途径追回被骗的财物，例如，冒用他人名义携款逃匿、挥霍骗取的资金等，都属于逃避返还所骗取的财物的行为表现。因此，我认为非法占有并逃避返还所骗取的财物，可以作为认定诈骗案件非法占有目的的一个基本标准。我们可以通过形形色色的案件，对被告人有无非法占有目的作出一个基本的判断，同时也要结合以下三方面进行综合的判断。

第一个方面，要积极运用经验常识，来判断诈骗罪的非法占有目的。诈骗犯罪属于自然犯，是一种明显违反伦理道德的犯罪，它区别于违反法律，但没有明显违反伦理道德的法定犯。一个具有正常理性的普通人，可能不需要借助法律措施，凭自己的社会生活经验和朴素的伦理道德经验，他就能判断哪些行为属于诈骗，因此对于诈骗犯罪非法占有目的的判断，直觉和经验的作用有时比概念分析和逻辑推理要大得多，而且要更准确一些。

因为法律的生命不在于逻辑，而在于经验，很多法律概念的界限是模糊不清的，法律推理的过程有时会布满陷阱，有的概念很容易在推理的过程中被偷换，使法律的概念被引入歧途，所以通过概念分析和逻辑推理得出的结论必须要接受经验的验证，未经经验验证的逻辑不一定是可靠的。

第二个方面，如果欺骗行为造成的损失能够通过民事途径进行救济，那么此时不宜将该行为认定为诈骗罪。我的这一观点同上一场报告的陈少青副教授的观点基本一致，但是要在此基础上加以一定的限制。因为诈骗罪并不泛指一切采用欺骗手段取得财物的行为，只有达到一定严重程度，有较大的社会危害的犯罪行为才构成诈骗罪，而将能够通过民事途径救济的骗取财物行为排除在诈骗犯罪之外，这也符合我国刑法的谦抑性原则。刑法之所以把诈骗行为规定为犯罪，是因为这种行为严重损害了他人财产权益，犯罪分子骗取他人财产后隐匿了自己的身份、住所，或者没有留下被害人可以主张权益的证据，或者将骗取的财物进行挥霍藏匿，被害人无法通过正常的民事救济途径维护自己的合法权益，不采用刑事手段制裁，不足以维护正常的社会秩序。当然，能否通过民事途径救济也只是针对一般情况而言，但只要是采用这种欺骗手段造成的财物损失，在通常情况下，不能通过民事途径加以救济，就不影响诈骗罪的认定。

第三个方面，在罪与非罪界限不明的情况下，我认为应该坚持疑罪从无的原则。诈骗案件的罪与非罪的界限并非泾渭分明，实践中也经常会出现一些模棱两可的案件，有些案件的证据情况基本相同，但被告人的主观意愿并不相同。例如，同样在严重亏损的情况下,借钱将资金用于生产经营,甲案的被告人打算归还借款,乙案的被告人并不打算归还借款,但两案的被告人在供述的时候都声称没有诈骗的故意,这时就很难查清哪个案件的被告人有诈骗的故意。有的案件中罪与非罪的法律界限本身就不清楚,例如,民间借贷和诈骗、合同诈骗、合同纠纷有时很难作出区分。有的案件中被告人的主观故意并非十分明晰,时而想骗,时而不想骗,于是在罪与非罪之间就出现了一个模糊的地带。对于这类罪与非罪界限不明的案件,我认为可以按照疑罪从无的原则作出有利于被告人的认定。

我国历来重刑轻民的司法传统,使得民事纠纷中的当事人趋向于借助公权力去解决民事问题,一些案件本来很明确的通过民事手段就可以解决,却进入了刑事程序,这等于裹挟了公权力去实现个人利益。实践中有的当事人假借司法机关公权力,将民事案件刑事化,有的司法机关及其工作人员,因为外部干预或者自身因素,将刑事执法、司法权行使于民事纠纷之中,甚至因部门或个人利益的驱动乃至司法腐败等而故意为之。这些民事案件往往争议标的非常大,动辄数千万元甚至过亿元,诉讼程序极其复杂,而且处理的时间也相当长,并且不管最后是什么样的结果,都可能引起双方无止尽的上诉和申诉。所以我们不反对经济利益对个体行为的驱使,但刑法是解决社会矛盾的最终手段,是社会正义的最后保障,不应当用于实现私人利益。我们在审查行为是民事欺诈还是诈骗罪时要慎之又慎,从分析行为人是否具有非法目的入手,研判行为是否具有社会危害性,争取在个案中体现司法公正。

随着市场经济的发展，经济活动纠纷中欺诈行为大都是通过合同形式表现出来的。对经济活动中产生的纠纷或者欺诈行为的规制，我认为主要还是应通过民事行政手段进行处理，刑法不宜轻易地介入。对于罪与非罪法律界限不明的案件，也不宜急于将其纳入刑法、刑诉法的范围，最好先观察一段时间，等相关问题研究透、考虑成熟之后，再决定是否入罪，这才是审慎和稳妥的。对于经济生活中的一些新类型、新业态和一些新情况，如果未经充分调查、了解情况就急于表态、妄下结论，把一些不规范的经济行为解释为诈骗，轻易动用刑事手段，这不论对于保障人权和保障产权还是激发社会活力、鼓励民众创新创业，都是不利的。我认为司法人员在这方面应该注意避免此类情况的发生。

以上就是我的一些粗浅建议，不当的地方还请多多指正，谢谢大家。

主持人：李兰英

下面有请复旦大学法学院副教授袁国何进行评议。

评议人：袁国何

史令珊老师的报告《诈骗行为构造与非法占有目的的认定》，在厘定非法占有目的的规范含义的基础上，针对司法实践中三种常见诈骗类型中的非法占有目的认定给出了详尽的、具有可操作性的判断标准。在我国司法解释大量关注集资诈骗等金融诈骗犯罪非法占有目的认定、非法占有目的的认定扩大化、侧重运用嗣后资金使用与资金返还认定非法占有目的的背景下，史令珊老师侧重考察交易型诈骗、使用型诈骗与传销型诈骗中的非法占有目的的认定问题,具有重要的实践价值。

她在报告中的很多见解,我均表示认同。史令珊老师认为,关于非法占有目的,并非指破坏被害人对财物之实际占有,而是指将他人财物作为自己财物予以支配、使用的不法所有目的;史令珊老师认为,鉴于民事欺诈与刑事诈骗之别,在存有一定欺诈要素的交易中需要审慎认定诈骗罪,应当将为赢得交易机会而夸大商品或服务品质、效果的欺骗行为排除在诈骗罪之外;史令珊老师认为,在认定作为主观要素的非法占有目的时,应当合理地适用推定制度。这些见解反映了学界和实务界关于诈骗罪的诸多共识,对此,我都表示同意。

接下来,我想谈谈对两个具体问题的认识。首先说明一下,这两点是我在聆听史令珊老师的报告时的一些思考,并不构成对史令珊老师论点、论据或论证的批评。

第一,需要更加合理地区分非法占有目的与诈骗罪的其他构成要件要素的角色功能。在阶层犯罪论体系中,如果无法肯定作为客观要素的财产损失要素,就不要进一步向下检验作为主观要素的非法占有目的要素;同时,由于行为人的客观行为不被认为会造成被害人的财产损失,也就不应当肯定行为人具有通过诈骗行为使他人遭受财产损失的故意,也就不成立诈骗罪未遂。如果认为财产损失的有无对非法占有目的的有无具有决定性的意义,就可能会取消非法占有目的要素的个别化功能。在通过现有案例揭示财产损失要素与非法占有目的要素之间关系的基础上,进一步瞄准司法实践中有财产损失但欠缺非法占有目的的个案,能够更加全面、更加清晰地突出非法占有目的的规范内涵,能够更有助于全面掌握非法占有目的的认定规则。

第二,对于非法占有目的要素中的"目的"层级要求,可以做进一步的研究。在刑法理论上,"目的"一般被理解为一种对结果的"希望"心态,在诈骗罪中,要求行为人将获利作为构成要件实现的主要目标或者必要的阶段性目标。据此,仅仅认识到让自己获利的结果必定发生或者可能发生,但并不将该等获利作为目标予以追求,而只是放任时,就仍不成立"目的"。在中国刑法理论中,或许可以进一步加强对非法占有目的要素中的"目的"层次要求的研究,这样可能会更好地发挥非法占有目的要素界分罪与非罪、界分此罪与彼罪的功能。因此有必要细致地区分财产损失、对财产损失的故意与不法获利目的等不同构成要件要素。

以上思考,也请史令珊老师和各位同仁批评、指正。

主持人:李兰英

在实务界,律师担当着辩护职责,在这之前每个人的发言都很精彩,让我们深刻感受到盈科律师事务所藏龙卧虎,那么有请盈科刑辩学院副院长艾静作出她的发言。

评议人:艾 静

主持人李老师这么一介绍突然让我感到压力很大。大家好,我是来自盈科律师事务所的艾静律师,现担任盈科刑辩学院副院长一职。这是我第二次参加全国青年刑法学者实务论坛并作与谈发言。来到古风雅韵的西安城，我充分汲取了学术的养分，重温了师友的情谊，还沉浸在各位致辞人、发言人优美的诗词歌赋当中，所以非常的陶醉，也非常的荣幸，感谢主办方、感谢各位老师带来的精神盛宴和文化之美。

是否具有非法占有目的是诈骗犯罪和民事欺诈的最明显的区分，这个看上去比较简单的区分却成为了理论界和实务界最具有争议、最难以理解的课题。理论界对这个问题的研究成果已经非常丰富，从知网上公开发表的文章来看，文章数量已经达到了1200多篇，还有大量的学位论文，以及专业评述。但是大家研究的侧重点不同，所以得出的结论也各有差异。关于诈骗犯罪相关的司法解释和会议纪要，刚才不少实务工作人员也都提到了，这些规定也试图通过列举的形式来回应司法难题，但是毕竟不能穷尽所有，效果也比较一般，再加上实务中，刑事办案人员对于商事行为独特性的考量，或多或少都会有些欠缺，所以对这个问题的研究，具有可持续讨论的空间，我想这也是我们今天在这个单元把它作为主题的主要原因。

首先，我从辩护律师的立场，从实践的角度，谈一谈我对史令珊老师的这篇报告的思考和期待。立足于这篇报告的总体思路、结构和目标，我们可以看到，通过对诈骗行为进行类型化的概括和总结，并且进而提炼出不同类型的诈骗行为，以及在对非法占有目的进行认定时所应当把握的关键要素，把对非法占有目的的判断与诈骗罪的构造连接起来，由价值评价层面拉回到客观事实层面，让实践当中，能有事实证据作为客观的抓手，具有比较强的实践的指导意义。但是略有不同的是，报告中对相关关键要素的提炼,未能达到实务界的期待,主要原因在于把这些观点置于不同的个案当中,会导致在实践参考和运用这些观点的时候受到限制。并且类型化也略显欠缺,尽管实务界对此非常期待,但是我们也知道,这种类型化的认定要素的提炼是很难的,所以这是该报告存在的问题,同时也是该报告的创新之处。

其次,从证据学的角度来看,对非法占有目的的认定,通常采用的是推定的方式,本质上与刑法上的主客观相一致原则步调一致,但实际上这种认定方式降低了难度,同时也减轻了控方的举证责任,控方只需要证明行为人存在某些特定的行为事实即可,这就加大了客观归罪的风险,导致了实践当中诈骗类犯罪的立案非常随意,起诉和判罪也非常轻易的现状。可以坦率地说,目前被定罪的诈骗类案件当中,不是所有案件都可以经得起历史的考验。我本人也做过多年的法官,我们需要勇于面对这样的司法痛点,这也是我们持续研究和进步的空间,所以如果报告能够在推定规则的细化和如何避免客观归罪这两者之间更好地进行衔接和平衡可能会更加受到实务界的欢迎。

最后,就具体的观点而言,交易型、使用型和传销型诈骗的分类基本上涵盖了常见的主要犯罪样态。我关注到其中有两个案例,一个案例是助理医师冒充主任医师坐诊开方,另一个案例是以低档普洱茶冒充高档普洱茶进行销售,前者被认定不构成诈骗罪,后者被认定构成诈骗罪。其主要的论证理由是,所获得的服务或者获得的商品价值与所支付的价格是否匹配,是否能够实现交易的目的,进而来推定是否具有非法占有目的。但是我认为,这种思路归结到底仍然未能脱离价值判断的场域,还有刚才徐凌波老师讲到的目的落空理论的引入，实际上都属于价值判断，这样就仍然会导致仁者见仁，智者见智。总有一些人，包括一些法官会认为，比如，医院销售的服务本质上是不匹配我所支付的挂号费所对应的价值的，那我在陷入错误认识的基础之上所遭受的挂号费的资金损失，怎么就不构成诈骗罪了呢？可见报告中立论的推定所依据的事实证据层面的抓手，还有进一步抓紧和抓准的空间。

对于怎样实现，怎样更加客观化地实现案件立法目的，我也稍微提一点思路，不够成熟之处请大家批评。如从助理医师的坐诊履职的性质角度出发，如从院长为了医院的利益而履职的角度出发，再如，从挂号费的定价规则，以及医院其他部门提供的相应的配套服务的事实角度出发，是否可以更加客观地来推定该行为不具有非法占有的主观目的，请大家一起思考。这个案例也引出了另外一个我们比较困惑的问题，由于行为主体往往不局限在一个人，存在多个自然人的情形，对非法占有目的的认定及总体定性就需要遵循和结合刑法当中的共犯理论。再给大家举一个例子，有两个兄弟，在大哥的主导下一起经营一座矿山，被害人想承包这座矿山当中的一个矿区，多次考察之后，与权利人和大哥签订了合同，支付了承包费用。在考察的时候，大哥特别忙，都是由弟弟带着被害人去现场，弟弟虚假指认矿区的范围，导致被害人开采的时候越界并发生了损失，之后，大哥积极地联系权利人来进行协调沟通，最后被害人得到了相应的授权。从这个案子里我们来看大哥的行为，他没有虚假指认，事后还积极地进行了协调沟通，所以不能够推定他具有非法占有目的，但是他弟弟不但有虚假指认行为,还取得了一定的承包费,在事后他没有积极联系和协调解决,于是就被推定具有非法占有目的,最终弟弟被判处有罪。我认为这是一个典型的客观归罪的判决,但是它仍然不失为一个非常好的例证,也就是在全部的行为由多个主体分别实施的情况下,在没有任何证据证明有共谋,甚至有证据证明没有共谋的时候,如何准确地适用推定规则来认定具体的各自的非法占有目的,就变得更加复杂,所以希望能够引起大家更多的思考。

总之,史老师的报告,思路创新,内容全面,案例丰富,理论贴合实践,也能够指导实践,非常的优秀,如果能够再深入实践一毫米,我想就完美了。

昨天我们盈科律师事务所的春雨主任在致辞的时候,向大家介绍盈科所体系办理刑事案件的数量是非常可观的,其实其中也不乏有很多成功辩护的有效案例,所以欢迎各位学者在下届论坛的时候,考虑在我们盈科所征集真实的案例。

主持人:李兰英

欢迎北京大学法学院的青年才俊吴雨豪助理教授发言,我们非常期待吴老师的评议,有请。

评议人:吴雨豪

感谢主持人老师,感谢车老师、付老师和西北政法大学给我这样一个机会。我今天评议的是史令珊老师的报告《诈骗行为构造与非法占有目的的认定》,史老师的这篇报告主要聚焦于诈骗罪中的非法占有目的要素，着重分析了交易型诈骗、使用型诈骗和传销型诈骗三种诈骗类型，以对非法占有目的的理论解析为切入点，分析了在这三种诈骗类型中的定性疑难问题。报告说财产犯罪当中，非法占有目的的一般概念，在教科书当中讨论得非常明确，但是在司法实践中，之所以面临这三种诈骗类型案件独特的性质，我认为关键在于司法认定的过程。今天上午大家都在讨论，如何从一些客观要素去反推行为人的主观状态，在这样一个现状之下，史老师的报告从实践这一端专门去探讨了个别案件当中司法认定的问题，这也使得该报告具有非常鲜明的实践导向，这是我在听报告时的最大的感受。当然报告还有非常多的闪光之处，我对这篇报告的评议是从一个同行的角度出发，从宏观、中观和微观三个层面来探讨，而这篇报告或许在某些方面具有可以进一步深入研究的意义。

首先，在宏观上，虽然报告中讨论了不同类型诈骗罪的非法占有目的的认定问题，但是该报告缺乏一条清晰且能够说服读者的理论主线。也就是，在非法占有目的认定的过程中，我们究竟是对哪一个要素的概念认知或者是法律涵摄产生分歧，从而导致对一系列案件的认定产生偏差。这样一种对论文所要解决核心理论问题的概括和讨论，也就是我们经常说的论文写作中的问题意识。但是在我看来，报告没有在一开始将这一重要的方面提炼出来。由此，在听报告的时候就会产生以下困惑：（1）报告人为什么要专门选取这三种诈骗类型来探讨诈骗罪中的非法占有目的，由于这三种类型的诈骗并不涵盖所有的诈骗类型，因此在概念不周延的情况下，只有一种情况下我们可以选取几种特殊的诈骗罪进行讨论,就是这些类型的案件的认定都指向一个特殊的理论争议问题?如果不是这样的话,报告的结构就会让人有碎片化的感觉。(2)在一些具体问题的讨论上,在有一个清晰理论框架的前提下,一些结论的得出有循环论证的嫌疑。比如,反复提到民事欺诈和刑事诈骗的区分,但是注意,民事欺诈和刑事诈骗只是认定的结果,而不是论证的理由。你不能说因为他的行为属于民事欺诈,没有非法占有目的,所以他不构成诈骗罪。再比如,报告中选取了大量的《刑事审判参考》指导案例作为论证的素材,但是这些案例的判决结果能够作为非法占有目的在不同情形下的认定理由吗?如果认为需要有一些理论的提升,那报告的贡献就更多的是一种司法裁判规则的提炼和归纳,而并没有产生理论对实务的指引功能,这一定程度上会削弱报告的学术价值。

其次,在中观上,我认为就一些具体的二级评论或许也有一些商榷的空间,比如,在交易型诈骗当中,史老师提到的以是否有交易事实、是否对价的标准去判断非法占有目的的观点是否成立。但是我们去关注绝大多数的诈骗案件,会发现其实现在纯粹的"空手套白狼"这样一种没有对价的案件已经非常少了,更多的时候,行为人往往会通过一些小额支付对价,然后对被害人实施更大数额的诈骗,针对对价这样一个问题,其实最关键的是定量多少的问题,而不涉及有无的问题,所以对于这样一类案件的解决,或许根据在定量上,能否达到量变而引起非法占有目的的认定,这可能会对实务产生一个更为重要的指引作用。当然后面还有一个关于使用型诈骗的问题,其实对使用型诈骗的表述我也存在一点点的保留意见,报告当中讲到的使用型诈骗更多指向的是借贷中的诈骗,当然我认为这里最关键的地方在于难以以非法占有目的当中的排除意思对金融诈骗进行非常合理的类型区分。因此,很多的司法解释都是从行为人的规划意愿去判断是否具有非法占有目的的,陈少青老师的报告当中已对此进行了非常详细的阐述。我想说的是行为人的归还意愿,从司法认定的角度来说,本质上应该是一个规定,规定从既有的案件事实去反推被告人当时的主观要素,当然从正向来说,司法解释当中已经说得非常明确,并且可能会存在一点点的扩大风险,但是从理论上,我们最需要探讨的是能不能从一些具体的案件事实,或者从反证的角度去推翻正向的推定,这可能是实务中面临的很大的一个问题。比如,在辩护律师处理的一些案件中会出现,被告人具有还款意愿,或者说他当时出具了保证书,但在理论上能不能够将这些证据进行归纳,从而形成对正向推定进行反证的理论支持,我认为这在报告中可以进一步详细阐述。

最后,在一些微观的细节上,我认为报告的一些表述还可以做一些精炼,尤其是报告大量援引了司法解释的原文,同时在案情的介绍上也罗列了不少细节,从压缩篇幅的角度考虑,我建议作者再作一定的精简。

以上就是我对报告的评议。

主持人:李兰英

下面有请西北政法大学的杨智博博士对史令珊博士的报告进行评议。

评议人：杨智博

谢谢老师。 首先感谢车浩教授、盈科律师事务所、王政勋老师、付玉明老师给我提供的这次发言机会。实际上，之前我和史令珊老师进行过交流，我们属于完美的错过，我是2021年从中南财经政法大学毕业，然后入职西北政法大学的，史令珊老师是2022年从武汉大学毕业到中南财经政法大学任教，我只听过史令珊老师的大名，"只闻其名，不见其人"。今天通过本届论坛结识史令珊老师，并且通过聆听史令珊老师的报告进行了一定的学习，那么接下来我就对这篇报告提出一些评论意见。

不得不说，行为人是否具有非法占有目的，是区分刑事诈骗和民事欺诈的核心因素之一，可是如何在个案中确认非法占有目的，确实是长久以来困扰理论界和实务界的一个难题。加之诈骗手段的层出不穷，多种多样，运用一个放之四海而皆准的标准来进行区分，不现实亦不可取。史令珊老师正是准确地认识到这点，并将诈骗行为按照构造不同分类为交易型诈骗、使用型诈骗和传销型诈骗，类型化地确认了诈骗最终的非法占有目的的认定标准，可以说具有极强的现实意义和创新精神。通过现场聆听她的报告，我同样也有一些想法想和史老师进行交流，如果有理解不到或者片面的地方，也希望史老师谅解。

首先，报告的结构有待进一步优化。第一点，诈骗行为的类型有很多，在报告中并未介绍为何只选取其中的三类诈骗行为作为论述重点，便直接从开始分类进行讨论，略显突兀。与之相对，是否其他类型的诈骗也存在非法占有目的的认定困境，至少需要在报告中进行简单的介绍。第二点，在我看来，没有必要耗费大量的篇幅罗列相关法条和司法解释，这降低了论文的可读性，也不能很好地呈现问题意识，需要精简和凝练。第三点，要想在一篇两万字左右的学术论文中分别对三种复杂的诈骗行为进行定性并展开论述，很难避免泛泛而谈，失之过粗的缺陷。可是，如果想在一篇论文中深入论证三种诈骗行为的定性问题，又很容易超过单篇论文的文字篇幅。因此，史老师有没有可能将这三种诈骗行为拆分、扩充为三篇论文，或许这是一种更优的做法。

  其次，对报告的主要观点进行评述。就交易型诈骗中非法占有目的的认定而言，史令珊老师认为，行为人主观上是否具有非法占有目的和客观上是否属于非法占有行为均需重点考察双方之间有无形成交易对价关系。可是，其一，是否只要存在交易对价关系，便能够认定非法占有目的似乎在报告中缺乏讨论。比如，发生在湖北的"铁钉棺材案"中，按当地丧葬习俗，棺材不能带铁制器件，否则不能用于安葬死者。行为人通过隐瞒棺材盖板、墙板是用铁钉将多块木料连接拼凑而成的真相，以谎称"整墙整盖"棺材的方式骗得对方20余万元。诸如此类的案件，能否以双方存在对价交易关系为由，认为行为人主观上无非法占有他人财物的故意，并直接得出行为人不构成诈骗罪的结论呢？在我看来仍然需要在报告中展开分析（当地法院即采取该观点）。实际上，这种思路似乎高估了非法占有目的的作用。因为，不论是采取个别财产说还是整体财产说作为标准来判断诈骗罪中的"财产损失"，都可能认可如果被害人所获取的财物无法实现其交易的目的时，即使支付了相应的对价也宜认定为诈骗罪（即同时满足诈骗罪主客观的构成要件）的结论。即便认为该案不构成诈骗罪，究竟是以不具有非法占有目的为由，还是以未造成客观损失为据呢？在我看来，对于非法占有目的和财产损失二者间的关系亦有必要在报告中展开说明。其二，如何判断买卖双方形成"交易对价关系"也需在报告中予以厘清。比如"冒充主任医师看病案"，假如冒充者刚从医学院毕业，较之于已退休主任医师的医术来说有巨大的差距，能否认可此时形成交易对价关系？以及若是行为人没有获取从医资格但是医术较高时交易对价关系是否存在？其三，报告中对于一些特殊的交易型诈骗案件，比如"酒托案""套路嫖"等，应当定性为民事欺诈还是刑事诈骗缺乏相应的探讨。以"酒托案"为例，这类案件的特殊之处在于被害人在结账时或者对于酒水价格默认，或者当时虽然有所怀疑但仍然选择自愿付款，不论何种情形，被害人对于财产处分这一行为本身并无认识错误。司法实务中倾向于认可成立诈骗罪，但理论上仍存有争议。在"酒托案"中究竟以何种路径来认定是否构成诈骗罪，此类案件中又是否存在非法占有目的？

最后，就使用型诈骗非法占有目的的认定来说，史令珊老师认为并非只要将资金投入高风险领域就一律认可非法占有目的的存在，还需要对行为人投资时的资产、负债状况、投资目标和风险承受能力等方面进行综合考察，对于这一结论我深表认同。可是，史令珊老师进一步指出，如果行为人能够确保投资过程中的风险与回报的大致平衡，便应当审慎地确认其是否具有非法占有目的。问题在于，在诸如股票、期货等高风险投资中，除非行为人在投资前通过非法途径获取证券、期货交易的内幕信息，否则又如何能够确保风险与回报的大致平衡呢？顺此逻辑推演，任何人将资金放入股市、期货市场中，都属于高风险的投资行为，而很难如史老师所言"对一个人来说可能是高风险，但对另一个人来说可能是适度风险"。此外，如何综合考察行为人投资时的资产、负债状况、投资目标和风险承受能力等因素来认定非法占有目的在报告中也缺乏进一步的阐释。比如，以"黄金章诈骗案"为例，二审主要提出两点理由并作出无罪的判决。第一点理由，在借款当时，黄金章所在公司的资产及其个人房产价值与借款金额可基本持平，黄金章具有还款的能力。第二点理由，黄金章将借款资金用于股市投资和偿还银行贷款等合法活动，并非供个人挥霍或实施其他违法犯罪活动。针对第一点理由，本案中黄金章所在公司在骗取资金前已经因经营管理不善，长期负债100多万元，甚至生产停滞，这种情况下即便资产与借款金额基本持平，按照史老师的观点能否以此为由忽略负债状况、经营状况，肯定其风险承受能力不无疑义。针对第二点理由，假如黄金章将借款资金用于合法投资，其总资产却不足以偿还借款时，又应当如何定性，在我看来也需要在报告中展开论述。

以上便是我对这篇报告的评论，还请史令珊老师及在座各位老师批评指正，谢谢大家。

主持人：李兰英

请报告人史令珊博士对以上评议进行回应。

报告人：史令珊

特别感谢各位评议人的评议，我简单地回应一下。徐凌波老师和吴雨豪老师针对我的观点提出的一些反对意见，可能更多是学术背景和立场上的一些差异。如框架缺失，要素缺失，如在思想主线上的差异，其实我的报告的思想主线就是诈骗行为，就是要从社会侵害行为中选取最严重的，最极端的，即便从逻辑的推演上来说，我们能够将其评价为民事欺诈，那就不是诈骗，但是在我们的社会生活当中，为赢得交易机会而进行虚假宣传的状况非常多，如果在这种场合去谈交易目的的话，范围确实是过于宽泛的。同时我也非常感谢杨智博老师和艾静副院长的批评指正，从你们的建议来看，我们的差异可能在于方法论上的不同，关于你们特别提出的类型化批判意见，确实类型化有它的优势，能够分清问题，非常的清晰，不回避问题，不回避真理，但弊端就在它具有不可穷尽的特点，它可能不能囊括所有的现象。我为什么要选择这样一种方式，是因为它更能直面复杂的诈骗犯罪，它和经济模式相关，与行为模式不同，社会观念不同，会从根本上导致我们思路上的不同，所以我采取全传统类型的方式，尽管它确实存在一些弊端，但这也可能会有相应的优点，非常感谢各位的一些批评指正，谢谢。

三、自由讨论

主持人：李兰英

本单元的两篇报告都已汇报完毕，各位评议人也作了相应的点评。下面就这两篇讨论。首先有请车浩老师。

发言人：车　浩

我主要想评论一下刚才少青老师的报告，因为少青老师发表过很多关于这个问题的研究文章，他的一些观点，我也很赞同。这么多年来，虽然有时候我没写相关研究的文章，但在一些场合我谈到的一些理解，跟他的观点也是挺接近的，但是对于他提的民事救济可能性的问题，我有两点批评意见。

第一，是一个容易得到大家普遍共识的批评，一个很多老师都谈到的问题，就是通过少青老师的报告很容易得出这样的一个界定：事后救济可能性作为一个犯罪行为成立与否的判断标准。但少青老师对它也作了一个限制，他说其实他靠的是事中的一个判断，而不是事后的判断，但这个辩解显然比较无力，因为事中的时候，在合同签订的当时，你如何去判断那个时点上被害人有无救济可能性。在事发当时，在犯罪都没有完成的过程当中，如何判断有事后救济可能性，当你要判断这一点的时候，你必然还要去界定，去看事后实际上有没有救济可能性。但问题是这几乎是唯一的要素、唯一的素材，所以这种所谓参考性的要素，能否成为一个决定性的标准，最后仍然要依赖于事后判断行为当时是不是成立犯罪，这是一个很麻烦的，很难逃避的问题。

第二，方法论上的问题。实际上如果要进行非法占有目的的判断，通常我们会针对这个概念提出观点，会对它进行层层拆解，即次定义，但无论次定义到哪个层面，我们也不能跳出它的规范性。问题是，民事救济可能性仍然是一个事实上的问题，即事实上有无救济的可能性。如何把一个规范性的标准跳到事实的层面，规范和事实之间的这一跳，实际上并不能令人信服，理论上最困难的问题就是把握一个规范性标准和一个事实性标准。在实务当中，我们都依靠一些事实性的因素来进行推定，但问题是按照报告中的逻辑，非法占有目的实际上就是一个永久性的占用目的，但这属同义反复，因为即使在传统理论当中，无论怎么理解"排除意思"，或者"剥夺意思"，也都是强调永久性的脱离，所以这里本身并没有进行次定义，就没有往下进行拆解，还是在"永久"层面上徘徊，只是换了一个词而已。但接下来，从什么叫作永久性的占有目的又跳到民事救济可能性上面，就是我们刚说的规范的层面，一下子又跳到事实的层面，然后又根据司法解释规定的情形来判断什么叫作丧失民事救济可能性，这样子绕了一圈，在这过程当中有什么样的理论标准被提出了？好像没有，只不过是对司法解释的情形作了一个归纳和提炼而已，只是有一个事实层面的归纳，理论上没有看到有新的抒发，最后还是回到司法解释讲的一些情形，并没有在理论上给出一个方向上的指导，所以，我认为该报告在方法论上存在规范和事实的跳动，另外还有循环论证的嫌疑。

主持人：王昭武

我认为以"非法取得"或"非法获取"来理解"不法领得"更为贴切。少青副教授的报告贴合司法实践、立意新颖、论证手法巧妙。论证手法的巧妙之处在于他将相关罪名的相关司法解释内容总结在一起来对自己的观点进行论证。但正如马寅翔教授所言，这种论证归纳方法的合理性是否存疑，即该论证方法是否适用于所有罪名有待商榷。同时,少青副教授并未真正否定非法占有目的,他的报告其实是在认可"排除意思",否定"利用意思"的基础上,提出了一种非法占有目的的判断标准。但这个判断标准本身是否具有可行性,或者说是否合理也是存在争议的。因为在我个人看来,之所以要讨论非法占有目的的有无,更多的是为了判断行为人的行为是否构成犯罪,而不是为了去救济被害人的财产损失。那么在这种情形下,以被害人的财产损失有无救济可能性,作为判断行为人有无非法占有目的的一个标准,我认为不太恰当。众所周知,日本关于非法占有目的的讨论更多集中于盗窃罪,而在我国,则将非法占有目的的讨论集中于诈骗罪。我个人以为这只是一种巧合,因为在我国更需要在诈骗犯罪中区分行为人的行为是民事欺诈还是刑事诈骗。我国更多关注的是"非法占有"中的"排除意思"。然而,日本司法实践对"非法占有目的""不法领得意思"的态度已经发生了巨大转变,远非当初及现在的教科书中所言之理解。举个例子来说,2022年在东京发生了这样一个案例,行为人在出狱之后,因在监狱外无法生活,想重回监狱,于是在书店里偷了两本书,一本书准备自己阅读,一本书准备扔掉,但他在走出书店后立马被抓获。关于本案,东京高等裁判所直接认定该行为人具有非法占有的目的,论证理由是如果该行为人没有非法占有目的,他应该直接前去自首,而不是等待被抓获。最后,需要认真考虑的是在"排除意思"和"利用意思"的内容本身就非常稀薄的情况下,"排除意思"的可罚性限定机能,"利用意思"的犯罪个别化机能,究竟在司法实务中能够发挥多大的效果?我认为,认定非法占有目的需要回归到财产犯罪的本质,即财产犯罪本身是一种为了获取利益的犯罪,那么行为人的行为是否具有非法占有的目的,可能更多的是需要从行为的角度来判断他是否从中获取了某种利益。

谢谢大家。下面有请李强教授发言。

发言人:李 强

我认为少青副教授的报告有两方面创新:第一,少青副教授试图在我国构建涉及所有财产犯罪的非法占有目的这一主观构成要素;第二,少青副教授在非法占有目的的具体判断标准上,提出了民事救济可能性这一判断标准。但实话实说关于第一点需要梳理的理论太复杂,应当单独作一篇文章。另外,报告所涉域外刑法理论主要采取德日刑法理论中的"不法领得意思",由于少青副教授报告中的比较法资源主要来自日本刑法理论,而日本刑法关于非法占有目的的理论主要是"不法领得意思",似乎只适用于盗窃罪,但其实也适用于诈骗罪。而德国刑法理论中,非法占有目的包括"不法所有目的"和"不法获利目的"。但少青副教授的报告没有处理"非法占有目的"和"不法获利目的"的关系。而"不法获利目的"、财产损失、行为对象这三者存在内在逻辑关联,可惜本报告未作梳理。少青副教授的理论建构比较粗糙。

最后,报告在对民事救济可能性这一判断标准进行说明时对"可能性"本身的说明不够详尽,也未对民事救济的方式进行说明。以上是对少青副教授报告的内部批评,从外部批评而言,单纯考虑裁判功能的立场可能会导致行为评价的稳定性受到影响。

单纯以事后的要素判断犯罪的成立与否,那么法律规范的事前行为指引功能会受到很大的影响。另外,少青副教授的立场贴近于司法实务,认可现在司法实务中的很多做法,但其实存在不一定合理,司法实务的做法不一定都是合理的。学者的研究应当走向公平合理的目标,即使和现实不完全一致,但要通过这样的方式改变一些不合理的状况。

主持人:柏浪涛

我对李强教授的观点表示赞成,也就是说德国的刑法理论认为盗窃罪与诈骗罪中"非法占有目的"的区别在于,盗窃罪的认定以个别财产损失数额为准,诈骗罪的认定则以整体财产损失数额为准。日本刑法理论认为对诈骗罪的认定应采用"实质个别财产损失说"。但个人也认为诈骗罪应采用"整体财产损失说"。以简单案件为例,昭武教授拿假币到商场去买一件衣服,柜员把衣服给了他,但是收到的是假币,我们一般认为柜员损失的是那件衣服,其实他损失的不是那件衣服,因为他是卖衣服的,他把衣服给对方是很正常的,他损失的是货款,损失的是对价利益。行为人获得衣服和被害人遭受财产损失,二者不是对应关系。诈骗罪有别于盗窃罪,财产损失与行为对象二者没有对应关系。因此,我赞成对盗窃罪和诈骗罪的"非法占有目的"进行类型化分析。

以上是我的观点,下面请陈晨副教授发言。

发言人:陈 晨

各位前辈老师好。刚才会歇时我也想跟少青副教授讨论,但李强师兄跟他讨论得很激烈，我怕误伤友军，所以留在这个环节发表意见。刚才听了王昭武老师的发言，我发现我想提的问题已经被他提出来了。但是我还有两个问题想探讨：第一个是理论方面的问题，众所周知，非法占有目的是刑法关于财产类犯罪的特有概念，各类财产犯罪区别于民事纠纷也主要依据这一点。个人认为，非法占有目的的本质是其侵犯了所有权。那么按照少青副教授的观点，民事救济和所有权的关系应当如何平衡。如果在诈骗罪中采用民事救济可能性的观点，那么类似盗窃罪这样的其他罪名是否也要作相应回应，即体系性问题如何保障。第二个是实务问题，东北地区营商环境被人诟病，这当中的现实问题是，如甲乙公司签订买卖合同，甲公司收货不付款，乙公司索要款项时，甲公司注销逃避债务，一般实务会按照经济纠纷处理，但如果是自然人，往往容易被认定为诈骗。现实一点讲，单位拿所借款偿还其他债务是经济纠纷，但个人拿借款用以偿还个人债务容易被认定为诈骗。如果按照少青副教授的观点，这个问题该如何解决？另外，我认为对公司和个人的救济途径应当是不一样的，那么如何在具体实践中区分是否穷尽民事救济途径，也是应当解决的问题。

主持人：柏浪涛

下面请徐凌波副教授发言。

发言人：徐凌波

我也有几个问题跟少青副教授商讨。首先，2021年，最高人民法院民事审判庭发布过一则有关银行卡的规定，盗刷银行卡或网络盗刷交易的，被盗刷人请求盗刷人支付或返还利息，法官应当支持。那么按照这条规定，这种情况下是存在民事救济途径的，但按照本报告观点，此时应当否定非法占有目的，是否合适？其次，关于民事救济可能性是否需要考虑每个个体的困难程度，其实你提出的标准有一定吸引力，在许多合同纠纷案件中检察官会说这就是一个民事纠纷，因为双方当事人的力量和地位是相当的。但是普通盗窃中，被害人作为个人不太愿意被卷入民事救济程序中。民事救济的困难程度是否需要考虑？以上是我的问题。

主持人：柏浪涛

下面请报告人陈少青副教授进行回应。

报告人：陈少青

首先，收到这么多批评建议，我感到很幸福，我现在情绪也比较高昂。各位老师给我提的问题在很大程度上让我发现了自己论证上的薄弱点。我作以下一些回应：第一，我所提出的民事救济可能性，是一种犯罪时的危险判断。只是既遂时点危险性大小的素材，要与事后的民事救济作区分。第二，有关方法论的问题，不是我不想用演绎，而是这个问题在我国只能用归纳。我的视角确实偏存在论，但我也试图体系性地论证我的观点。第三，关于徐凌波老师提到的民事救济的具体困难程度应作特别细致化的区分，确实还需要个别化建构。关于提到的个人力量较弱的问题，此时个人认为以刑事手段介入反而存在合理性。但是不能因为个人觉得民事诉讼负担大，刑事诉讼负担小就选择后者。各种法律手段本身都有成本，民事手段一定是靠前的。但在个人力量薄弱的前提下，肯定应当认可民事救济可能性这样的标准。之后，我个人能感觉到"非法占有目的"牵涉面很广，这也是中国特色的点，以此切入，可以对客观构成要件进行进一步建构。为什么我没有谈"不法获利目的"，一方面我具有留日的背景，没有考虑德国刑法理论。另一方面，我个人关于财产犯罪的核心观点主要受到徐凌波老师的观点影响，我也认为我国财产犯罪应当走向整体说，"非法占有目的"应当是犯罪故意的一部分。第四，关于个人与公司的问题，应当具体问题具体分析，个人没有信用资产，公司则可能有资产，公司注销不等同于个人逃匿。关于盗刷的问题，确实是我的报告的薄弱环节，我的报告是从诈骗罪延展到盗窃罪进行论证的。我的报告仅在这一切入点上试图在中国的立法和司法背景下重新建构中国财产犯罪的体系，希望可以成为后面从事这一领域研究的垫脚石。

闭幕式

主持人：冯卫国（西北政法大学刑事法学院院长、教授）
总结人：邹兵建（南开大学法学院副教授）
　　　　蔡　颖（武汉大学法学院讲师）①
致辞人：付玉明（西北政法大学刑事法学院教授）
　　　　石经海（西南政法大学法学院教授）

主持人：冯卫国

各位嘉宾，各位老师、同学辛苦了。经过两天的热烈讨论，学术研讨环节可以说是完美收官，现在我们进行一个简短的闭幕式。这个闭幕式有点像学位论文里面的结语和后记，是核心部分。我们要总结，要展望，还要感谢。首先请两位学术功力深厚的年轻学者进行学术总结，第一位总结人是南开大学的邹兵建副教授，有请。

总结人：邹兵建

感谢冯院长，感谢车浩教授、赵春雨主任、付玉明教授给我这次宝贵的学习机会，切入总结环节，说明留给本届论坛的时间不多了。本届论坛有两个单元，我和蔡颖老师做了一个分工，我负责总结第一单元，他负责总结第二单元。第一单元的主题是故

---

① 蔡颖，现为武汉大学法学院副教授。

意的认定,共有两场报告。

第一场报告在白岫云编审的精彩主持下,博士研究生陈尔彦作了《论故意认定的规范化及其限度》的主题报告。陈尔彦首先批评了事实性的故意概念,然后梳理了几种既有的对故意进行规范化的方案,并在此基础上提出,故意就是对故意风险的认识,而故意风险是指法所不容许的、着手的风险。陈尔彦的报告大气蓬勃,视野开阔,论证翔实,是一篇非常厚重的法教义学巨作。

"花开两朵,各表一枝。"第二场报告在于改之教授的精彩组织下,谭堃副教授作了题为《论故意中概括明知的司法认定》的报告。谭堃副教授由概括故意入手,指出概括故意的核心在于"概括明知",进而结合大量的本土司法案例,对"概括明知"的规范依据和判断构造进行了阐述和建构。谭堃副教授的报告有明确的问题导向,条理清楚,说理简约而不简单,"清而不淡,浓而不艳",这也是西凤酒的特点;同时也紧扣实务论坛的实务性,堪称一篇范文。

当然,学术会议不是主报告人的独角戏,如果没有评论人的精彩、独到、犀利的点评,那就称不上是一场成功的学术会议。在谭鹏专委、魏东教授、赵合理局长、王志远教授等各位主持人的精彩主持下,两场报告的12位评论人圆满地完成了评论人的任务,他们的表扬是真挚的,他们的批评是中肯的。尤其难得的是他们在表扬和批评之间的切换,是流畅丝滑的、无缝衔接的。因为在陈伟强教授、姚万勤副教授、钱叶六教授、吴情树副教授的精彩主持下,多位与会代表或评论或提问,将自由讨论推向高潮,本着"看热闹不嫌事大",下面我用5组对立的范畴,走马观花地介绍评论人的批评意见,夸奖的话就不再重复了。

第一,理论和实践。正如贾宇会长和陈兴良教授在开幕致辞中所言,本届论坛的主题有重要的理论意义和实践价值。不过,研究主题结合了理论和实践,不等于研究报告本身就很好地结合了理论和实践。正如谭鹏专委、邓子滨教授、李世阳副教授所指出的,陈尔彦的报告理论性有余,实践性不足,没有紧密结合中国的司法实践,这一点可能是后面需要修改完善的地方。谭堃副教授的报告紧扣了中国的司法实务,引用了大量的司法案例,值得肯定。不过,言多必失,案例举多了恐怕也有麻烦。例如,"郑铭东等故意伤害案"该怎么定?谭堃副教授认为应当定故意伤害罪既遂和故意杀人罪未遂的想象竞合犯。对此,丁胜明教授和张靖波律师都提出了疑问。另外,李兰英教授还提出,"林森浩案"属于"概括故意"的案例,这对谭堃副教授的案例库作了重要的补充。

第二,事实与规范。陈尔彦的报告需要解决两个问题:一是故意的认定要不要规范化,二是故意的认定如何规范化。应当说,她对第一个问题的肯定性的阐释具有很强的说服力,得到了很多人的认可。其中,曾军翰博士对故意规范化的方法论基础进行了补充,属于"事后的帮助",但是也有评论人对故意规范化提出了疑问。例如,由姚培培博士临时扮演的徐然副教授指出,故意规范化可能会导致罪责概念的空洞化,汪鹏副教授也对故意规范化的正当性提出了怀疑。表面上看,谭堃副教授的报告似乎不涉及事实和规范的问题,实则不然。正如刘赫博士所指出的,谭堃副教授有意回避了犯罪论体系的争论,而犯罪论体系的一个重要使命就是要处理事实和规范的问题。另外,喻海松处长和丁胜明教授都指出,谭堃副教授的报告没有区分事实性的要素和规范性的要素。

第三,主观与客观。故意原本是一个主观概念,如果要对它进行规范化,尤其像陈尔彦那样,认为故意是对"故意风险"的认识,那么故意的认定必然就会客观化。可以说,"故意风险"是陈尔彦这篇报告的灵魂,不过,这个概念也遭到了最猛烈的批评,可以说是成也"故意风险",败也"故意风险"。例如,张志刚教授、李世阳副教授都认为这个概念属于循环论证,汪鹏副教授认为它会导致重复审查,喻浩东博士则对"故意风险"一定高于"过失风险"表示了怀疑。谭堃副教授的报告也涉及主观与客观的问题。谭堃副教授认为,故意中的明知不包括应当知道,对此王全谋庭长反驳说,应当知道是用客观情况去推定主观认知,如果排除出去的话,会给司法实践带来很大的麻烦。

第四,确定与模糊。陈尔彦进行事实性的故意概念会导致故意认定的黑箱化,她提出的故意规范化的方案,对故意的认定提供确定的明确的标准。可是,汪鹏副教授认为,陈尔彦提出的着手风险,同样缺乏精确性。谭堃副教授对"概括明知"的研究,更加清楚地体现了确定和模糊之间的张力。一方面,他将明知界定为确定知道,不包括预见,可以说是极端的确定,这个观点遭到了方军副教授、王娜副教授、张靖波律师的质疑。另外一方面,正如丁胜明教授所批评的,谭堃副教授对概括的界定过于概括,以至于将很多不同的问题都一股脑塞入了"概括明知"

的框里。另外方军副教授还指出，谭堃副教授的观点会模糊不同构成要件之间的界限。

第五，认识论和意志论。对故意的认定当然离不开认识论和意志论之争这个大背景。尽管陈尔彦和谭堃副教授都没有明确表态，但是从他们的报告内容中不难看出，他们都是认识论的坚定支持者。而徐然副教授站在意志论立场，认为意志因素仍然是必要的。另外，刘赫博士也敏锐地指出，谭堃副教授的报告似乎是在用意志论的理由去支持认识论的观点，这可能是需要注意的。

以上是我对第一单元的简要总结，用有限的时间去描绘无限的精彩，注定会有很多遗漏和误解。对于遗漏和误解的结果，我既没有"希望"也没有"放任"，但是如果作规范评价，仍然可以认为我有"故意"，或者说是有"概括的明知"，谢谢大家！

主持人：冯卫国

谢谢邹副教授对各位全面深入的总结。下面有请蔡博士对第二单元进行总结。

总结人：蔡　颖

谢谢冯老师的主持，感谢车浩老师、赵春雨主任和付玉明老师给我这个机会向各位教授、专家学习。接下来我想对第二个单元的精彩瞬间作一个简短的回顾。

第三场报告在王充老师、李强老师、喻海松处长的精彩主持下，陈少青老师做了题目为《非法占有目的之概念厘清、内涵与判断路径》的报告，5位评议人进行了评议。第四场报告在王志远老师、李兰英老师的精彩主持下,史令珊老师做了题目为《诈骗行为构造与非法占有目的的认定》的报告,6 位评议人进行了评议。在王昭武老师和柏浪涛老师的精彩主持下,自由讨论环节氛围热烈,讨论充分,有多位老师发表了真挚而深刻的意见。整体而言,第二单元的报告充分体现了青年和实务的特征,正如车浩老师所说,青年,意味着锐气和创造,第二单元的主题报告试图摆脱既有理论和套路的束缚,走出不一样的步伐。

陈少青老师立足我国"区分式"的立法模式,对现有主流观点发起挑战,认为"不法领得意思"在我国刑法中并无存在的必要,而我国刑法中的非法占有目的是指永久性的占有他人财物的意思,其判断重心在于被害人是否失去了民事救济可能性,可谓观点创新,论证详尽。史令珊老师既未采用从抽象到具体的演绎式的推理方法,也没有采用纯粹的从具体到抽象的归纳式的推理方法,而是在对海量的诈骗案件进行类型化的基础上展开了自己的观点,各个击破。她指出,交易型诈骗中交易对价决定非法占有目的的判断,使用型诈骗中非法占有目的应该结合资金的用途、资金的走向等因素进行综合判断,传销型诈骗中应主要考察反应机制和销售活动的真实性,其研究方法和研究视角具有特色。陈兴良老师在开幕式的时候提到,我们论坛的一大特色就在于来自各界不同观点的碰撞。独孤求败是孤独的,武艺要在切磋中成长,对手同时也是知己。第二单元的 11 位评议人的评论充满了锐气,直指问题核心,很好地扮演了对手和知己的角色。

陈少青老师的核心观点在立论层面就遭遇到了集中火力攻击。王昭武老师认为将非法占有目的和民事救济可能性相连接的做法可能欠妥，非法占有目的的判断应该结合财产犯罪的利益侵害性质来考虑。吴亚安法官指出，将非法占有目的和民事救济可能性统合的观点可能难以协调刑事犯罪和合同效力、事实判断和规范判断及民事救济和刑事救济等三对关系。马寅翔老师认为，"终局性的客观财产损失"对于非法占有目的的判断更具根本性的意义，民事救济可能性只是判断财产损失的考量因素之一。车浩老师指出，陈少青老师在证立观点的过程中存在循环论证的嫌疑，观点的基石仅在于司法解释。李强老师指出，虽然我们应该尊重司法实务，但是在司法实务中归纳提炼理论的时候，应该注意扬弃。

陈少青老师的核心观点，在具体适用层面也未得幸免。黄海主任、李强老师、徐凌波老师、陈晨老师、车浩老师认为，"陷入失去民事救济可能性的高度危险"的标准还有待进一步的明确，在具体案件的适用中，合理性还有待进一步的商榷。高颖文老师也提出疑问，"陷入失去民事救济可能性的高度危险"的判断到底是规范性判断还是事实性判断，似乎无论如何理解都难以自洽。王琦老师也指出，"陷入失去民事救济可能性的高度危险"的认定思路，在部分地方还欠缺司法实务操作的可能性。

史令珊老师的报告也同样面临着各个层面的商榷意见。概念设定方面，徐凌波老师和吴雨豪老师对"使用型诈骗"这一概念的妥当性提出疑问。概念使用方面，徐凌波老师和袁国何老师认为史令珊老师让非法占有目的这一概念承担了其他诈骗罪构成要件的功能。具体观点方面，吴雨豪老师和杨智博老师对史令珊老师提出的整体类型化方案及具体认定标准的合理性提出疑问，艾静律师对史令珊老师一些具体个案的认定结论提出不同意见。

第二单元的另一个特征是"实务","实务"意味着本土问题意识和本土资源。贾宇会长在开幕式中提到,要重视法律明文规定和司法实务的需求。第二单元的两篇报告均以中国的立法、司法解释和真实案例为立足点,并以解决中国司法实践中的实际问题为目标,充分体现了本论坛的实务特色。我们看到的不是国外各种理论的代理人战争,而是发源本土、关切本土和服务本土的理论探讨。

论坛的实务性不仅体现在理论对实务的关切和指导,还体现在实务对理论的引导和修正。第二单元 4 位实务专家分别站在控、辩、审的视角谈及办案经验。黄海主任认为,关于非法占有目的的认定,理论界和实务界的分歧并没有想象中那么大。吴亚安法官指出,他在办案中发现,针对债权的财产犯罪和针对物权的犯罪,在非法占有目的的认定逻辑上存在区别。王继余副院长介绍了办案中认定诈骗罪的经验,例如,要积极运用经验常识,优先考虑民事救济途径,坚持疑罪从无。艾静律师还分享了行为主体为无共谋的多人时,非法占有目的难以认定的疑难案例。

我担任总结人的同时也是一名青年学者,最后,我想以青年学者的身份表达几点感谢。感谢中国刑法学研究会对论坛的指导,感谢贾宇会长对论坛的关心和支持。感谢车浩老师为我们搭建了这么好的交流平台。感谢盈科律师事务所,特别是赵春雨主任对论坛一如既往的大力支持。感谢西北政法大学的各位师生,感谢范九利校长、王政勋老师、冯卫国院长对本次论坛的关注和支持。感谢付玉明老师对本届论坛的统筹规划,感谢西北政法大学的谭堃、杨智博、杨遇豪、杜嘉雯等各位老师,以及来自西北政法大学的各位同学,感谢你们的辛苦付出。感谢在座的各位前辈对青年学者的提携。这么多的实务界领导、编辑老师、学术大咖齐聚一堂,倾听青年学者的声音,为我们的学术研究把关,是对我们莫大的鼓励。我们也会继续努力,不负各位前辈的厚望!

我们的研讨有不同观点的刀光剑影,有理论与实务的鼓角争鸣,更有一壶美酒喜相逢。刑法多少事,都付论坛中。让我们一起期待,在第五届全国青年刑法学者实务论坛再次相见!感谢大家!

主持人:冯卫国

感谢蔡颖博士,概括得非常精准,也非常精炼,该感谢的全都感谢了。刚才是学术总结,下面是会务总结或者行政总结,有请我们刑法学科的"少帅",也是本届论坛的"操盘手",劳苦功高的付玉明老师。

致辞人:付玉明

谢谢冯老师。不期然间,我也到了能够做总结致辞的年纪。车浩教授在开幕式中以三首盛唐古诗开启本届论坛,受此启发,我想以个人撰写的几首格律诗为论坛收尾。"诗以圣心秉奇志,法籍泓学擎凡生。"于我而言,诗是本心,法律只是谋生的职业和手段。

第一首是"青山不老杜甫诗,绿水长流苏轼词。寻章既有老雕虫,秉异尚需新叶枝"。本诗最后一句尤为契合今天的论坛。人事更迭,学术创新主要靠年轻人,靠新叶、新枝。全国青年刑法学者实务论坛的创办意旨便在于此:通过搭建平台,甘做人梯,推出新人,培育新论。对此我也颇有感触,因此也要表达我的感谢之情。一要感谢以车浩教授和赵春雨主任为代表的各方力量创办了这个论坛,尤其感谢他们对西北政法大学团队的信任和支持。二要感谢各位青年才俊来到古都,华山论剑,贡献智慧,更要感谢各位前辈学者和实务界的代表在百忙之中来参会。三要感谢以石经海教授为代表的西南政法大学的刑法团队,他们将接续这样的论坛,也必将会为论坛提供更大的学术平台和品牌声望。四要感谢我们自己,感谢王政勋老师、冯卫国老师领衔的西北政法大学刑事法学科团队,给予我们的大力支持。感谢谭堃老师、肖楠老师领衔的由10余位老师和20余位博士生、硕士生组成的会议执行团队,大家团结一致,齐心协力,各司其职,乐于奉献。有了他们,我们的会议才得以顺利举行。我更要感谢范九利校长对本届论坛的大力支持,范校长亲自参与会场布置,调配桌椅,甚至亲自搬椅子。正是因为有范校长的支持和参与,才使得我们如此多求知若渴的同学们不用站着参与会议,而是能够舒适地享受学术盛宴。这也让我们看到了西法大人的品质:宽厚、实在、可爱。

第二首是"立心请命圣人才,继学功在太平开。政事端可由正始,尚需法家金斧裁。著论当考经国策,撰文应具济世怀。但为公信勖法治,不以私意废偏才。"这首诗是我化用了关中学派创始人张载的"横渠四句",讲的是学术视野、格局气度与胸怀评价的问题。对于本届论坛,我们学校、团队高度重视,严格遵循上报的制式流程,认真筹备、反复演练。但筹备如此大型的会议难免存在疏漏之处,也请大家多多见谅。通过本届论坛的举办,我也体会到了命题作文与自选题目的区别。昨天我与车浩老师的交流也使我感悟颇深,车浩老师对待问题的格局与胸怀也使我钦佩。盛唐的自信与包容气韵并非只发生在长安,车浩老师也展现出了这种盛唐气度。所以我引用这首诗做个表态,我也需要在这方面加强学习,提高格局,心胸和气度。

第三首是"秦川自古帝王都,厚土黄天圣人书""但得法门良宪在,安赖名士治邦国"。这并不是一首诗,而是两首诗,我拆开使用,表达两种意思。其一,西安作为十三朝古都,前朝胜迹无数,文化底蕴丰富。中国有八大佛教祖庭,其中六宗在西安,三宗更是在我们学校十公里附近。敬请并欢迎大家常来长安访古,常来西北政法讲学指导!其二,"但得法门良宪在,安赖名士治邦国",这实际上是我们法律人的自我期许,同时也与大家共勉。只要有在座的各位理论家、实务家等法律英杰勠行法治,守护正义,就不必仰赖包公海瑞式的名士治国,法治建设必将未来可期。

最后,也祝愿中国的法治事业日益昌明,祝愿在座各位代表学术事业日益繁盛。

谢谢大家!

主持人:冯卫国

谢谢玉明教授的真情告白与诗意表白。最后有请我们论坛的下一届承办方——西南政法大学。请西南政法大学的石经海教授致辞。

致辞人：石经海

非常荣幸有机会参加本届论坛，也感谢西北政法大学的会务组织和盛情款待。非常感谢主办方，感谢车浩教授，感谢赵春雨主任，让西南政法大学来承办下届全国青年刑法学者实务论坛，林维校长特别重视，多次和我们探讨下一届论坛的具体要求。

下面我具体做两点表态，第一，我们将接续维护和发展好本论坛的学术平台。本论坛作为专门为青年学者打造的开展对话、引发真理、展示风采、获得成长的学术平台，具有广泛的学术影响力。我在这两天的学习中收获非常大，第一个收获是，见识了这么多青年才俊面对面的深刻的学术交流，让我很震撼。第二个收获是，除了专业知识，论坛的这种模式非常好，满满的两天，只有4位主题报告人，但有23位青年才俊参与评议，还有18位资深理论著作专家来主持，使问题讨论得如此深入，我相信未来这4位主题报告人的论文会有质量上的提高，这对我们实务问题的解决也会有很重要的指导价值。所以，西南政法大学作为下一届的承办单位，我们要继续按照这个模式，按照这个宗旨向前四届承办单位学习，早做准备、做好准备、做足准备。第二，真诚欢迎全国青年刑法人在明年春暖花开的时候，光临西南政法大学，来西南政法大学指导。西南政法大学刑法学科有38位老师，其中45岁以下的有28位，全部是博士，但是由于各种原因，像这样"冒出来"的青年才俊并不多。所以，我们期待这样的学术平台，这样的学术活动放在我们那里。我们也期待西南政法大学刑法学科的28位青年教师中有更多的老师，被车浩教授选中，被主办方选中，作为主题报告人，作为有机会和大家一起交流的重要成员。在这里，我期待和正式邀请大家在明年4月份到西南政法大学去，我们共享学术盛宴，西南政法大学将全力做好服务。我的发言完了，期待明年相见！

主持人：冯卫国

谢谢石老师。刚才询问了车浩教授，车浩教授表示其不再发言，因为本届论坛举办得很圆满。车浩教授作为我们合作方的代表，即最大的股东，如果有对我们不满意的地方可以发言，如果满意就不发言了。最后我说两句，我记得开幕式的时候车浩教授引用了三首诗，而且里面都提到了长安，拉开了诗意。刚才付玉明老师自己也说到了诗，在此我也想引用一句诗，王昌龄的"莫道秋江离别难，舟船明日是长安"。这句诗的意思是不要在秋天的江边感叹离别的伤感，如果想念故人，明天再来。希望大家常来常往，常来长安（西安）。预祝明年在嘉陵江边的论坛更精彩，也希望我们这个论坛能够一直办下去，办得越来越好。再一次感谢大家，那么我们就到这里结束，谢谢。